国家出版基金项目
NATIONAL PUBLICATION FOUNDATION

中國文學概論

（上）

[日]兒島獻吉郎◎著
胡行之◎譯

山西出版傳媒集團
山西人民出版社

圖書在版編目(CIP)數據

中國文學概論 / [日]兒島獻吉郎著；胡行之譯. —太原：山西人民出版社，2015.12
(近代海外漢學名著叢刊 / 鄭培凱主編)
ISBN 978-7-203-09336-7

Ⅰ. ①中… Ⅱ. ①兒… ②胡… Ⅲ. ①中國文學－古典文學研究 Ⅳ. ①I206.2

中國版本圖書館 CIP 數據核字(2015)第 293213 號

中國文學概論

叢刊主編　鄭培凱
著　　者　[日]兒島獻吉郎
譯　　者　胡行之
責任編輯　崔人杰

出 版 者　山西出版傳媒集團·山西人民出版社
地　　址　太原市建設南路 21 號
郵　　編　030012
發行營銷　0351－4922220　4955996　4956039
　　　　　0351－4922127(傳真)
天猫官網　http://sxrmcbs.tmall.com　0351－4922159(電話)
E－mail　sxskcb@163.com　發行部
　　　　　sxskcb@126.com　總編室
網　　址　www.sxskcb.com

經 銷 者　山西出版傳媒集團·山西人民出版社
承 印 廠　山西出版傳媒集團·山西人民印刷有限責任公司

開　　本　700mm×970mm　1/16
印　　張　24.5
字　　數　171 千字
印　　數　1—2000 册
版　　次　2015年12月　第1版
印　　次　2015年12月　第1次印刷
書　　號　ISBN 978-7-203-09336-7
定　　價　74.00圓(上、下)

近代海外漢學名著叢刊編委會名單

出版說明

近代海外漢學名著叢刊選取一九四九年以後未再刊行之近代海外漢學作品，編例如次：

一、本叢書遴選之作品在相關學術領域具有一定的代表性，在學術研究方嚮、方法上獨具特色。

二、爲避免重新排印時出錯，本叢書原本原貌影印出版。影印之底本皆經專家組審定，原書字體大小、排版格式均未做大的改變。

三、爲使叢書體例一致，本叢書前言、後記均采用繁體字排版。

四、個別頁碼較少的版本，爲方便裝幀和閱讀，進行了合訂。

五、少數作品有個別破損之處，編者以不改變版本内容爲前提，部分進行修補，難以修復之處保留缺損原狀。

六、原版書中個別錯訛之處，皆照原樣影印，未做修改。

由於叢書規模較大，不足之處，在所難免，殷切期待方家指正。

總序／温故而知新

晚清以來，西力東漸，西方文化思想的著作也大量譯成中文，最著名的如嚴復與林紓的譯著，影響了整個二十世紀中國的知識界與文學界，使得中國文化的思維脈絡爲之丕變。除了西方思想經典、文學與實證科學著作的翻譯，以實證方法系統化探討中國文史的域外漢學，也對中國學術思想界産生了莫大衝擊，改變了中國學術的著述方法與取嚮。

中國傳統的知識結構，是按經史子集四庫分類的，以儒家意識形態的經學爲文化知識的砥柱，以史學爲貫串歷史經驗的殷鑒，至於子部與集部，則是作爲保存文獻、擴大知識面的附帶知識，可以耽情冥想，可以悠遊玩賞，却都是邊緣化的知識，無關聖教的弘揚，無關文化精髓的宏旨。西方文藝復興之後的現代學術體系，在知識分類上，與中國傳統大相徑庭，講究系統分科，不同知識領域各有其客觀存在的價值，有其相對獨立的目的與標準。日本知識界在明治維新以來，鑒於東方文明落後於西方的船堅炮利，率先效法西方，在追求「文明開化」、「脱亞入歐」的過程中，爲日本學術發展循着現代西方的體例，建立了哲學、文學、歷史學、經濟學、法學、商學、物理學、化學、地質學、醫學、農學、工程學、植物學、動物學等等新型學科，企圖與西方學術齊頭並進，從而影響了中國近代學術體系的發展。

本叢刊選印二十世紀上半葉出版的漢學譯著近百冊，分爲三大類：「歷史文化與社會經濟」、「古典文獻與語言文字」、「中外交通與邊疆史」，反映民國時期學術界重視西方及日本漢學研究的成果，藉助他山之石，重新審視中國傳統歷史文化的意義，特別是開拓了傳統學術忽略的領域。五四新文化運動以來，中國學者如蔡元培、胡適都提倡「整理國故」，以理性實證的方法，對中國文化傳統做出系統化的研究，是與這些漢學譯著相輔相成的。這些譯著除了介紹域外漢學的成果，還引進了嶄新的學術研究方法與視角，有助於梳理中國文化傳統的脈絡，重新整合知識結構與學術體系。雖然這些學術著作不是中國學者的成就，無法納入二十世紀中國文史學術的主脈，但是從中文譯本的影響而言，起碼也應當視爲中國近代學術發展的支脈或潛流，不容忽視。可惜的是，到了二十世紀下半葉，因爲兩岸政治形勢的變化，這些漢學譯著，除了部分因王雲五重新入主臺灣商務印書館，而得以在臺灣做了少量的重印，在大陸的出版界，則完全受到遺忘，甚至在許多新成立的大學圖書館中也不見踪影。我們搜集了近百冊塵封的漢學譯著，呈現給二十一世紀的中國學術界，一方面是爲了銘記前人爲推展學術而做出的努力，另一方面也是爲了提醒新常態時期的學人，學術發展有其歷史累積的脈絡，可以從中汲取歷史經驗，温故而知新。

說到「温故知新」與這批早期漢學譯著的關係，可以從兩個方面來思考，以見翻譯域外漢學如何反映了時代精神，爲融匯東西方學術思維，重新闡釋中國文化傳承，做出不可磨滅的貢獻。一是域外漢學的研究對象，以中國歷史文化典籍爲主，屬於中西文化碰撞期間興起的「國學」範疇，與五四新文化人物提倡的「整理國故」運動若合符節。研究中國歷史文化，並賦予新的學術意義，是清末民初知識精英念兹在兹的心結。歷史發展走到一個環節，時代的狂風揚起了批判傳統的大旗，風中的英雄幫着推波助瀾，却又無時或忘自己民族文化主體的未來，糾纏於「傳統」能否「現代」的困境。域外漢學的出現，以西方實證方法研究中國歷史文化傳統，綜合東西方各種語言文字材料，擴大了研究國學的眼界，即使無法打開中國文化傳統是否走到盡頭的心結，至少是提供了一個解惑的方嚮，在大霧彌漫的夜晚，看到了依稀渺茫的星光。

二是翻譯域外漢學，有一種以子之矛攻子之盾的吊詭作用，逐漸化解了中國文化思維中的自大心理與封閉心態，讓唯我獨尊的國粹基本教義派解除武裝到牙齒的盔甲，轉而吸收並接受西方實證研究的學風。民國期間新式教育制度的推行、學術體系的變化、大學學術專業的創建，具體到北京大學國學門的成立，中央研究院規劃歷史、語言、考古的研究領域，都與翻譯域外漢學背後的旨意是息息相關的。因此，重新閱覽這批民國期間的漢學譯著，對二十一世紀的現代學人來説，温故而知新，不但可以窺知民國學人追求新知的心理狀態，也會刺激吾人反思，認真思考學術研究方法與中國學術發展的前景，更進一步，探索文化傳統的重新闡釋與新知介入的關係。知識體系的變化當然與傳統的重新闡釋有關，是外爍的影響大呢，還是內因變化的成分居多？

論語·爲政記載孔子説：「温故而知新，可以爲師矣。」歷代解經，對這個「爲師」的道理，有兩種相近似但又取嚮不同的解釋。朱熹四書集注説：「故者，舊所聞。新者，今所得。言學能時習舊聞而每有新得，則所學在我而其應不窮，故可以爲人師。若夫記問之學，則無得於心而所知有限，故學記譏其不足以爲人師，正與此意互相發也。」雖然朱熹把知識分爲「舊所聞」與「新所得」，强調的却是「學而時習之」，從中生發新的心得，也就是從詮釋舊典中得到新知。這個説法與朱熹在鵝湖之會以後，作詩唱和，寫給陸九淵的詩句，「舊學商量加邃密，新知涵養轉深沉」，异曲同工，是一個意思，萬變不離其宗，舊學與新知是同一個脈絡的知識學理。

然而，有些朱熹之前的經學家，解釋「温故知新」，却有不同的取嚮。皇侃論語義疏就説：「故，謂所學已得之事也。所學已得者則温尋之不使忘失，此是月無忘其所能也。新，謂即時所學新得者也。知新，謂日知其所亡也。若學能日知所亡，月無忘所能，此乃可爲人師也。」皇侃明確説到，「故」指的是過去所學的知識，而「新」則指的是新近學到的知識，新舊結合，相互發明，就可以「爲人師」了。邢昺論語注疏循着皇侃的思路，也説：「言舊所學得者，温尋使不忘，是温故也。素所未知，學使知之，是知新也。既温尋故者，又知新者，則可以爲人師也。」這裏講的「素所未知」，就不衹是研讀舊學，有了新的體會，從過去的傳統中發展出的「新知」，而是從來没聽過、没想過的新學問了。這種「素所未知」的新學問，結合「舊所聞」，對習以爲常的知識框架，就會産生巨大的衝擊，而出現飛躍性的結構變化。知識内容或許大體沿襲傳統，知識結構却得以重新整合，出現嶄新的認知系統，重新審視自己文化傳統的意義，打開文化傳承的新局面。二十世紀上半葉的漢學譯作，就發揮了這樣的作用，促使中國學者放棄自我中心的文化態度，從各種不同側面，探知中國歷史文化的光譜，以域外（或是全球）的角度觀測中國傳統，摇動了文化的萬花筒，看到七彩繽紛的中國。

嚴復在甲午戰争之後，改良變法思想風起雲涌之時，開始大量翻譯西方思想經典著作，是有感於國人（特别是傳統文化孕育的知識精英）思維系統封閉，企圖介紹實證新知，引進邏輯思維的方法，以破除儒學之道「一以貫之」與「放之四海而皆準」的虚妄。他翻譯天演論，在序文中提到，有人歸納東西方學術思想，認爲中國文化重精神，是形而上之學，立意高超，而西方文化重物質，是形而下之學，衹追求功利的回報。他認爲，這種自以爲是的蒙昧態度，陷入傳統舊學的框囿而不自知，没有自我反思的能力，無法吸收「素所未知」的新知識，也就無法開展並弘揚自己的文化傳統。嚴復非常清楚他翻譯西方經典的目的，是爲了介紹新知，打破中國傳統思維的封閉性，但是，作爲披荆斬棘的拓荒人，他深知思想封閉者的頑固心理，必須因勢利導，以免遭到盲目衛道之士的攻訐。嚴復有其防身的策略，不會像許褚戰馬超那樣赤膊上陣，而是以桐城文章譯述赫胥黎、斯賓塞、穆勒、亞當·斯密、孟德斯鳩，博得晚清知識精英的贊許，文章深閎而傳入了新知義理。從文化變遷的角度而言，通過翻譯，以迂迴戰術來介紹西方思想，得到巨大的成功，產生了改變傳統思維體系的實效，是中國近代思想史上影響深遠的大事。以此類推，民國時期大量翻譯域外漢學的影響，也是不容忽視的思想史課題。

關於清末民初西方學術思維衝擊中國知識精英，顛覆傳統文化的知識結構，錢穆在現代中國學術論衡的序言中，從中國文化本位的立場，發出深刻的感慨，做了籠統的批評：「文化异，斯學術亦异。中國重和合，西方重分別。民國以來，中國學術界分門別類，務爲專家，與中國傳統通人通儒之學大相違异。循至返讀古籍，格不相入。此其影響將來學術之發展實大，不可不加以討論。」錢穆所指出的問題，是傳統知識體系强調「通」，文史哲不分家，最崇尚通儒，而現代學術講究專業分科，各司其職，以至於讀不通古籍呈現的整體性知識思維。姚名達在撰寫中國目録學史的時候，對西力東漸，西潮帶來的翻譯著作及新知新學，也有類似的感慨：「四部分類法，不合時代也，不僅現代爲然。自道光、咸豐允許西人入國通商傳教以來，繼以派生留學外國，於是東西洋洋籍逐年增多。學問翻新，迴出舊學之外。目録學界之思想不免爲之震蕩。」這種對學術體系發生重大變化的觀察，反映了中國學人從晚清一直到民國，夾在東西方兩種不同思維體系的衝突中，身歷其境的切身感受，因此感觸良多。

二十世紀上半葉最能代表中國學術的通儒是王國維與陳寅恪，他們浸潤了經史子集的四部知識傳統，承繼乾嘉篤實的考據學風，却都經過西洋邏輯思維與實證科學的洗禮，參與中國知識結構的轉型。對西方現代知識結構如何在中國生根發芽，不但再三致意，并且以自己的學術實踐來努力促成。王國維早在一九〇二年就寫信給張之洞，反對把經學列爲大學分科之首，而主張效法西方與日本的大學，設立哲學科，明確指出知識結構的分類不可因循傳統，而必須另起爐竈。陳寅恪在一九二五年就清華大學建制的問題，寫了吾國學術之現狀及清華之職責，指出大學的職責在於學術之獨立，而中國學術界的情况令人十分不滿，必須認真效法西方學術的體制及實踐。他説：「蓋今世治學以世界爲範圍，重在知彼，絶非閉門造車者比。」這兩位國學大師，對西方與日本的漢學研究十分注意，都是以開放態度對待域外漢學研究，集思廣益，以成其大家。

再回到「温故知新」的歷代經解，説説文化傳承的闡釋學意義。劉寶楠在論語正義中指出，上古之時，文化知識是上層統治精英的家學，不再治理實際政事的長者可以傳遞德行的知識，可以爲人師。「温故而知新」，就顯示長者不忘舊時所學，且能吸收新知，繼承并發揚這種學術與政治合一的傳統。到了孔子之時，時代出現了變化，士大夫不見得能够謹守家法，弘揚德行，也不一定能够「爲師」了。孔子之後，世變日亟，「道術爲天下裂」，文化知識不再爲少數統治精英所壟斷，也不必然與治理政事有關，學術在民間百花齊放，百家争鳴。但是，學術知識發展的脈絡基本未變，仍然是要温故知新，進德修業。從劉寶楠不經意的闡釋中，可以看到時代變遷影響了學術文化的内容，改變了知識結構的體系，但其内在發展的理路仍舊，還是需要舊學與新知的融合，才能有所發展。

劉寶楠還引述了劉逢禄的解釋：「故，古也。六經皆述古昔、稱先王者也。知新，謂通其大義，以斟酌後世之製作，漢初經師皆是也。」劉寶楠贊成這個説法，並指出，漢唐人解釋「知新」，大多數都沿用此意。也就是説，舊學是傳統的知識結構體系，新知是時代變化出現的新知識，必須相互斟酌，才能發揮得宜。至於如何對舊學「通其大義」，就見仁見智，各有説法了。從這個通達的詮釋來討論近代西學東漸的情况，我們可以看到，「温故而知新」在民國學人的心底，是産生「傳統」與「現代」糾葛的心理陷阱，不易跨越。若依照朱熹的説法，「學能時習舊聞而每有新得，則所學在我而其應不窮」，雖然在哲理上可以模模糊糊説通，但在清末民初的具體歷史環節，西學的新知屬於完全不同的知識體系，在原有的舊學脈絡中，根本無從立足，如何「其應不窮」？所以，真要放之四海而皆準，提升「温故而知新」的普世意義，以理解域外漢學譯著與近代學術知識體系變遷的文化史意義，我們認爲，皇侃、邢昺，一直到劉寶楠的闡釋，是比較合適，並與現代文化闡釋學的説法相近。

伽達默爾（Hans-Georg Gadamer）在他的名著真理與方法中，説到認知理性與文化傳統的關係，特别指出，人們通過理性，來判斷歷史文化中事實的真相，但是人的理性與生存環境息息相關，與傳統所衍生的豐富文化底藴有關，不可能完全超越文化傳統的思維脈絡。他認爲，人生活在文化傳統之中，就不可能「遺世獨立」，以全能超越的抽象思辨來認識傳統，甚至是批判或顛覆傳統。傳統是歷史文化延續與傳承的表徵，不會一成不變，而我們的認知理性也會因時代變遷，而不斷重新詮釋傳統。伽達默爾的闡釋學以西方文化傳統爲例，説明新知如何納入傳統，而使文化傳統生機不斷，生生不息，與中國歷代經學家的説法（朱熹除外），有异曲同工之效。以此觀照民國時期的漢學譯著，我們認爲，這批學術新知傳入中國，對中國文化傳統的繁衍與發展，實有承先啓後之功。

近代海外漢學名著叢刊的出版，最值得感謝的是南兆旭先生二十多年來搜羅的執着與努力。雖然這套叢刊不能窮盡民國時期的漢學譯著，但是，能滙集上百册自一九四九年以來在國内不曾重印的學術著作，再度公之於世，總是功不唐捐的大功德。忝爲本叢刊的主編，我面對這批民國學術材料，先是感到紛雜無章，有些原作者的學術素養也難副當前的學術標準，甚爲猶豫。後轉念一想，這是上個世紀中國最紛亂時期的學術記録，也是民生凋敝，國勢隤危，内亂外患交加之際，仍有許多學者孜孜矻矻，戮力翻譯域外漢學，爲中國學術的傳承拓展新知的坦途，不禁肅然起敬，開始用心整理分類。掛一漏萬，在所難免，好在有學殖豐贍的諍友擔任分卷主編，並撰寫各分卷前言，實在是衷心銘感。有傅杰教授負責「歷史文化與社會經濟」、戴燕教授負責「古典文獻與語言文字」、霍巍教授負責「中外交通與邊疆史」，吾道不孤矣。在整理編輯過程中，周威先生費心最多，也是我要衷心感謝的。

道術之存亡，全在人心之嚮背。這批民國漢學譯著重新問世，對我們生長在承平之世的學人，應當有激勵的作用，爲學術研究多盡份力，讓中國學術發展更上一層樓。

鄭培凱

二〇一五年七月

前言

二十世紀三十年代是中國現代學術史上的一個黄金時期。從晚清的白話文運動，到白話文在民國初年被定爲現代國語，中國的語言也就是「漢語」本身便發生了一個很大的變化。在漢語的這一現代轉化過程中，「新文學」即白話文學、又或稱國語文學的异軍突起，又起到極爲重要的推進作用。因此，現代的漢語和文學，從一開始就如雙生子一樣關係密切，不可切分。

當然，白話文與白話文學的興起，原因不止一個，但不能否認的是，在漫長的從「邊緣」變爲「正統」的道路上，它們都受到過外來的語言和文學的刺激。這裏面既包括有現代漢語對「外來語」的吸納、新文學對外國文學的模仿，也包括了引入歐美日的方法，對漢語和文學加以研究。這個研究，還不單單是針對現代的漢語和文學，也針對古代的漢語和文學。

伴隨着漢語和文學自身的演變，而在語言學界及文學研究界發生的這些轉變，其實是中國學術在各個領域實現其現代轉型的一部分，也可以説是中國現代學術之建立的一個基礎。隨着對東洋、西洋從觀念到方法、從文獻到詮釋的全面開放，在一九三〇年前後，中國的語言學和文學研究也迎來了自己的黄金時代。

這個黄金時代出現的很多學術成果，都是當時中國學者在傳統學問的基石上，吸收外國的方法、結論得到的，如王力所説，那時的語言學，「始終是以學習西洋語言學爲目的」，文學研究也莫不如此。所以，要想說明這個學術上的黃金時代究竟是什麼樣的，又如何形成，勢必要對當時的國外漢學知其一二，尤其要對翻譯成中文出版的漢學書籍有一點瞭解。

語言學方面，自馬氏文通引入西方語法之後，在中國影響最大的恐怕就要數高本漢。從一九二七年的左傳真僞考及其他，到一九七二年的中國聲韻學大綱，他關於中國語言學的論著幾乎都有在中國（包括香港、臺灣）翻譯出版。據說早年間，在他的音韻學論文尚未譯成中文出版前，錢玄同就已經拿着其中幾頁，作上課的教材用。他的中國語言學研究的譯者賀昌群也曾說，在語言音韻學方面有所成就的學者，都是借高本漢之力。

文學方面，一個突出的現象是，日本漢學家的著作被翻譯出版最多。究其原因，大概是由於日本在歷史上受中國文化影響甚深，日本漢學家普遍有很好的漢學功底，到了明治維新以後，又先於中國接受歐美的思想、文化和學術，這兩方面的結合，促使日本漢學界產生出很多新的研究成果，其中就有像兒島獻吉郎、鈴木虎雄、本田成之、青木正兒、鹽谷温、梅澤和軒等人的著作。這些涉及中國古典文學、藝術、思想等領域的論述，兼有東西之長，比較容易爲中國學界理解和認同。因此，在現代中國的文學史、文學批評史、藝術史、哲學史等學科領域，日本的研究範式一度相當流行。

說到海外漢學的影響，還不得不提及海外漢學論著的翻譯出版，在二十世紀三十年代前後是又多又快，像成書於一九三二年的石田幹之助的歐人之漢學研究，一九三四年就有了中文譯本，就是典型的一例。這固然是由於當時的中國學界對於及時掌握海外漢學動嚮，有一種普遍的要求，可是不能忘記的是這些漢學論著的譯者，在這中間扮演了很重要的「驛騎」角色。

在這裏，也許不需要再去重復趙元任、羅常培、李方桂這一黃金組合翻譯高本漢中國音韻學研究的故事，不需要説明高本漢論著的大多翻譯者，如張世祿、賀昌群等，也都是很好的專業學者。就連最早的左傳真僞考及其他，也是經胡適推薦，由當年聲名鵲起的新鋭陸侃如、衛聚賢合作翻譯的。而在陸侃如看來，他們的譯介，就是爲了「東海西海互相印證」（譯跋）。

值得一説的，倒是譯過不少日本書籍、不限於漢學著作的孫俍工。孫俍工一九二四年赴日留學，他本來學的是德國文學，可是很快翻譯了鈴木虎雄的中國古代文藝論史、鹽谷温的中國文學概論講話、本田成之的中國經學史、兒島獻吉郎的中國文學通論，興趣完全轉到對中國古典的研究。他在各書的譯序中，談到過對中國衹有整理國故保存國故的口號、成績却不如日本的看法（中國古代文藝論史），談到過他要借翻譯來使人看到在被我們自己抛荒的文學園地裏，經别人代耕，而有怎樣一番禾黍芃芃的景象（中國文學概論講話），也談到過如本田成之對於孔子「别開途徑」的理解，可爲中國學者取法實多（中國經學史）。對中日學界當時情況的判斷，大概是他譯書的動機。據説他在一九二八年回國任教後，短短幾年就編出幾百萬字的書來，其中像中國文藝辭典、世界文學家列傳、中國語法講義等，有人説都涉嫌抄襲日人（彭燕郊那代人·關於孫俍工）。這也大可説明他心目中的日本學術，不光是漢學，何等優越。當然，他翻譯鈴木虎雄、鹽谷温的著作，按趙景深的説法，還是「對於中國文學的貢獻頗大」（文壇憶舊·文人印象·孫俍工）。

另外一位翻譯日文書極其勤奮的是王古魯。王古魯一九二〇年赴日讀的本來是英文系，一九二六年回國後也教過英文，但是他翻譯過的日本書籍，題材廣泛而雜駁，涉及小説與經史之學、語言文學、民族和對外關係，既有論述，也不乏考據。由於他對日本學界的追踪，與他對中日關係的觀察是聯繫在一起的，因此，他在一九三一年翻譯的田中萃一郎西人研究中國學術之沿革、一九三四年編譯的傅斯年等編著東北史綱在日本所生之反響、一九三六年編寫的最近日人研究中國學術之一斑，都在中國學界引起過强烈的反響。在他翻譯的文學論著中，最有名的恐怕就是青木正兒的中國近世戲曲史。吴梅早已表揚過他在翻譯中表現出的專業態度，即對青木正兒引書「無不一一檢校」，故「可爲青木之諍友」（序）。一九五六年他寫信給青木正兒，又説此書不僅獲得「我國各方面極爲重視」，還作爲「中文本」，與王國維宋元戲曲考等六種，入選蘇聯大百科全書的「中國戲曲」條目，説明譯作本身成了經典。而這一次的翻譯，大概也爲他後來到日本搜集古本小説、戲曲，最後成爲造詣頗深的中國文學史研究專家做了很好的鋪墊。

中國現代學術史也應該銘記這些譯者的功勞。

戴燕

二〇一五年六月八日於復旦

作者簡介

著者

兒島獻吉郎（一八六八年—一九二六年），是研究中國文學的杰出學者之一，在中、日兩國學界產生過重要影響。他一生著述宏富，學問涉獵日外史學、中國古代文學、漢語言文字等領域，而主要成就在中國古代文學研究方面。

譯者

胡行之，資料不詳。

譯述者言

日本文學博士兒島獻吉郎著有支那文學概論一書，內分四篇：第一篇爲序論。把文學底原理及其與時代環境底關係，敍述得很淸楚；而其中每章所敍述的，都純粹以中國底事實爲背景，和一般泛論文學原理者不同。第二篇爲內容論。把文學底要素——情感，思想物質條件——和中國文人所發生底關涉，用問題式的歸納法敍來，再加以橫的分解，旣有趣味，又有系統，使讀者一覽瞭然。第三篇爲形式論。把中國文學詩文底區分，句法，篇法，及體製底論述，都有精到的眼光和詳細的考證，雖是一部文學槪論，也可以說是一部有系統的文學史。第四篇爲結論及餘論。把文底聲律問題補敍得很詳細。總之，兒島博士此書有兩大優點，卽是：

一　編制很特別。每章都是以問題做中心，而加以橫斷面的解剖，併集中同樣的材料，很易於檢閱及發生趣味。

二　搜集中國文學材料很豐富，見地亦頗精確，著者雖係日人，實比中國人所說尤為親切。因兒島博士曾著有支那大文學史，支那文學史綱，支那文學考等書，研究中國文學，原有很深的根柢的。

譯者因見是書內容豐富，敘述有統系而便於檢考，感到有介紹給國人閱讀底必要，便把它譯了出來。但譯者同時感覺它有一種缺點，即是太偏重於古文學而沒有談到近代文學，側重於貴族文學方面，而忽略了平民文學。譯者為要彌補這個缺憾起見，特抽出餘暇，另行草成附錄一篇，把中國文學最近演進的趨勢，及平民文學底略跡，作一個有系統的敘述，附載於本書後面，以便閱者參照。

中國古代文學，有了原著者底活動融寫，本可滿足讀者底要求；至於最近代中國文學底狀況，在中國所出版底各文學論書，都很少敘述，這原不能深怪兒島博士，我現在所作附錄一篇，雖並未十分詳備，但也可窺見其大概，而有些微的貢獻的吧。——因是，本書在中國文學論書裏面，雖不能說是完全無憾，至少自信是一部比較可讀的書。

臨了，我要謝謝夏君禹瞟，幫助我翻譯原書時底許多貢獻！併聲明我所做底附錄，大部分是根據於上列各書：

胡適文存——胡適著

白話文學史——胡適著

中國文學史大綱——譚正璧著

中古文學概論——徐嘉瑞著

文藝論ABC——夏丏尊著

中國小說史略——魯迅著

革命文學論文集——霽樓編

背影——朱自清作

新青年
新潮

一九二九，六，二九，於白馬湖畔。

原書鄭序

杜子美詩曰：「文章千古事，得失寸心知。」以一寸之心，知千古之得失，固已難矣；而但知之，而不能言，孰知其自知？言之而不能爲教，亦奚貴乎言乎？古之談文者：綜明纖悉，莫如陸機之賦；而所言不過乎體裁；秘思精研，莫如劉勰之雕龍，而其辭徒工於譬喩；必也以游夏之文學，兼賜予之言語，始可謂能文能言而又能教矣。噫！斯人可易得耶？老友星江先生，少讀萬卷書，出而試之庠校，據函席開絳張者四十年，弟子遍四方，雖不親承授教，咸以良師稱。平日所著作甚富，其中有文學概論一書，分門列目，命題論事，得之心而發之言者：析旨深奧，而瞭如指掌，馳意高遠，而切近人情，殆前人所不能道，而後人所不能難；若是乎其知之明言之精而教之成也！其有功於斯文者至矣！嗟乎！孔子之爲百世師，無他，諄諄善誘人而已；先生善學孔子者也，亦諄諄善誘焉已耳。至若篇題名目用意用工之詳，于堂尹學士之述備矣。余不贅焉。

昭和二年六月

茂亭鄭萬朝撰

原書尹序

文學之於人，若飲食然，終身由之而知其味者，鮮矣；凡天下之文皆然，而漢文殆甚。其爲物也，至神而其用至賾；若有倫焉，而無部次之秩然；若有門焉，而無蹊徑之的然；可以意會不可以言傳，則學者蓋戛戛矣。博士星江先生，用是慜焉，覃思積工，著有文學概論一書，書凡三篇：其一曰：序論。原其實則一氣之槖籥，性情之潤色，而非襲於頰舌也：極其功用，則彌綸六合，鼓吹風霆，而非止於感善懲逸而已；然不能無升降離合者。是故在時代：則譬如禮焉，三代之所損益乎？在政治：則譬如樂焉，季子之所觀乎？在道德：則詖淫邪遁，鄒孟氏之知言者乎？宗教之殊，風土氣候之不齊，雖其一彼而一此，瑕瑜之不揜，而在人折衷之耳。文學固能移人，而人之有力者，亦有以盛衰之歟？其二曰：內容論。天人性命之奧，日用彝倫之懿，鬼神之往來，食粒衣絲室處之利，緣於理智者也；山之嶙峋，水之盪潏，春秋之代謝，四海古今之變，或手舞而足蹈，或汪然而涕出，緣於感情者也；於是乎主客悲樂之觀歧，而抑之揚之，顛之倒之之術錯焉。乃所謂詩人之人者，奚而格也？奚而態也？其於自然也，於雪月花也，美人及酒也，又奚而云云也？有味乎其言之矣。其三曰：形式論。區以別之之謂乎？謂比興之作，無與乎屬比者，非也；謂風雅典册，遂無畛域之分者，亦非也；同軌而殊塗，不其然乎？外而若體製，若聲律，對偶，句有句之法，篇有篇之法，猶之律令之有科條也；曲暢纖悉，不啻爲尋數之津梁，則嘉惠學者，豈曰淺尠哉？先生材高學邃，據皐比三十年，所成就門下士多顯融於世，所著書亦多，此其一斑也。

丁卯五月

漢陽　尹喜求　序

中國文學概論目次

第一篇　序論

第一章　文學底本質及實體……………………………一
形與聲——文學上底功利主義——個性底寫眞——文中有人，詩中有我——我卽神，神卽我
第二章　文學底價値及功用……………………………六
文學底目的——作者與讀者——文學底性質——文章底人格化——務

力派與天才派——文學者底理想——成己成人
第三章　文學與時代……一一
人生底寫眞——時代底映畫——時代順應——三位一體
第四章　文學與政治……一五
三不朽——學者底理想——政治底失敗——文學底壽命——文學底政治化——政治底文學化
第五章　文學與道德……二一
純美與眞善——文學底道德化——道德底文學化
第六章　文學與宗教……二四

一種的人生學——儒教倫理——三教底文學底順位——詩人與僧徒——道教文學——佛教文學——佛教趣味——理智本位——詩禪一致

第七章　文學與氣候風土……………………………三四
氣候風土底影響——江南江北底差——經學與文學——書畫詞曲底南北

第二篇　內容論

第八章　理智與感情……………………………四一
文學底範圍——儒者以外底學者——理智與感情——理智文學——感情文學——情底純不純——倫理眼光與文學眼光

第九章　理智與感情……………………………………………………………四七
學者與詩人——時代的觀察——體製上底類別——謠諺——賦騷——
哀弔——詩餘——箴銘——頌贊與祝祭——連珠
第十章　主觀與客觀……………………………………………………………五三
敘情，敘事，及敘景——客觀寧說主觀——樂觀寧說悲觀——敘事詩
與敘景詩——詠史與詠物
第十一章　悲觀與樂觀…………………………………………………………五六
七情說與六情說——樂觀美與悲觀美——悲觀詩底源流
第十二章　理智文學……………………………………………………………六〇

感情的散文與理智的韻文——理中底情與情中底理——詩經底理智化
——學術底競技與思想底混戰——孔老諸子——俱自稱爲聖——貴族
本位的文字
第十三章　理智文學　二……六五
理智感情底一消一長——學究底韻文——宇宙觀與道德觀——玩物喪
志——道學臭味
第十四章　感情文學　一……六九
社會是一大劇場——愛底文學——親子底愛——君臣底愛——兄弟底
愛——朋友底愛——夫婦底愛——戀愛文學——其源遠——其流大
——在戀愛裏面底儒教倫理

第十五章　感情文學　二⋯⋯⋯⋯⋯⋯⋯⋯⋯⋯八三
文學上底表裏——享樂文學——反撥性的文學——三上戶——陰性的享樂——陽性的享樂——游俠文學——游俠與司馬遷——俠底解釋——俠底行動——魏晉以後底游俠文學——征戍文學——非戰文學——征戍文學之祖——積極的與消極的——木蘭詩與唐詩
第十六章　感情文學　三⋯⋯⋯⋯⋯⋯⋯⋯⋯⋯九九
人生觀——三教底生老病死觀——死底文學——臨終詩與絕命詩——悼亡詩——薤露歌與蒿里曲——挽歌——短歌行與長歌行——七哀詩——貧底文學——詩人對于貧底態度——別離文學——老底文學——老底苦——病底苦——病底文學

第十七章　詩人底人格……一一二
溫柔敦厚與思無邪——詩人底玷缺——文章九命——詩人底矜誕簡傲——觀過知仁——談藝錄——至美與至善
第十八章　詩人底態度……一二〇
詩人底血與淚——詩人底感激性——大詩人底襟度——詩人未必是宗教家——詩人底感謝——人事與自然
第十九章　詩人與大自然……一二五
天地人三才——柳宗元與山水美——謝靈運與山水美——王羲之與陶淵明——日底美——星底美——山底美——水底美——湖底美——海

底美——詠物詩——佩文齋詠物詩選——歷代賦彙——游仙與招隱——樂自然而忘人事
第二十章　詩人與雪月花……………………一四〇
詩人與自然——詩人底天職——雪底皎潔——月底淸光——花底濃艷——雪底文學——月底文學——花底文學
第二十一章　詩人與酒……………………一四八
酒底毒害與功德——對於酒底警誡——對於酒底禮讚——聖賢底酒——李白與孔融——酒中之仙——詩人底愁——忘憂的物——愛酒的團體與個人——酒底文學

第二十二章　詩人與美人……一六二
百年的友——美人底映畫——女性美——天質的美與裝飾的美——詩人底戀愛

第三篇　形式論

第二十三章　形式底區別……一六九
形式上底三種區別——韻文散文及其境界——形式上底三要件——律語卽駢文——古文底聲律

第二十四章　詩人同軌……一七三
經學與文章與詩——詩文發生底先後——押韻的文——無韻的詩——韻文散文及其混同——詩書易三經底文——必也正名乎——文底名稱——詩文兼善之士
第二十五章　詩文殊塗……一八一
本支清濁未必一致——詩文有各自底特長——文中有感情本位的東西——兼修毋寧專修
第二十六章　句法一……一八四
字句篇章——共通與特殊——騷底句法——四言句法——五言句法——

——七言句法——長短句法——一言與二言——三言詩——三言詩底由來——樂府難理解底所以
第二十七章　句法　二……………………………一九九
四言底勢力範圍——四言底起源——五言底特色——五言底起源——辯疏與考證——古詩十九首與蘇李詩——六言底句法——七言底由來——八言底短處——九言底創作——長短句底流行
第二十八章　篇法……………………………二一二
現代文底通病——詩體與文體——起承轉結——諸體一揆——常山蛇勢——神龍的喻——一篇底眉目——一篇底胸襟——轉底作用——結底功用

第二十九章　詩底三體……………………………………二二二
經三體與緯十體——古體今體及其境界線——古體與今體底異同——五古底平仄——七古底平仄——古詩底押韻——近體底平仄——平起與仄起——近體底三要件
第三十章　文底三體……………………………………二三四
古文與駢儷文與時俗文——古文底盛衰——駢儷文底消長——時俗文底源流——水滸傳與史記
第三十一章　賦與騷……………………………………二四九
賦騷底性質——賦騷一體——賦騷底形式

第三十二章　詞與曲……………………………………二五四
詞曲底稱呼——宋詞底隆盛——元曲底胎生——北曲與南曲——詞底源流——曲底源流

第四篇　結論及餘論

第三十三章　結論……………………………………二六三
詩人底天職——詩經與楚辭——有情化與意識化——自然觀——風底文學——雲底文學——日底文學——花底文學——星底文學——其他的悲觀文學

第三十四章　餘論……………………二一七〇
形文與聲文——文學底聲律——六朝底聲律論與唐宋以後底潮流——五音底分別——四聲底分別——四聲論底隆替——八病底學說——雙聲叠韻底稱呼——雙聲叠韻底定義——雙聲叠韻未必爲詩病

附錄

一　貴族文學與平民文學……………………二一八三
文學底表裏——貴族文學與平民文學底區分——起源底先後——各時代底成績——廟堂文學與田野文學——貴族底平民作品

二　死文學與活文學……………………………二八九
文學底界說——死文學與活文學底區分——中國文學與西洋文學底比較——貴族文學死了•
三　文學革命與白話文學……………………二九四
文學革命底由來——八不主義——國語文學底建設——白話文學之功臣
四　新詩…………………………………………二九九
最早的白話詩——換胎不換骨——新詩底類別——哲理的詩——抒情的詩——熱情的詩——音節的詩——散文詩——新詩底厄運

五　短篇小說……………………………………三〇四
小說底起源——短篇小說——魯迅——文學研究會——創造社——浪漫與感傷——十字街頭——孱弱
六　散文與小品……………………………………三〇九
散文——小品——周徐朱俞——雜感文——小品散文——小品散文底成績
七　政論文與宣傳文……………………………………三一四
時務文——政論文底成熟期——革命底預言——新青年與每週評論——宣傳政策——潑婦罵街——思想底混亂——文字與思潮——三民主

八　革命文學……………………………………三二〇
從文學革命到革命文學——革命文學底內容——普洛列太里亞之爭論
——武器的藝術
九　介紹及翻譯……………………………………三二五
佛經底輸入——最早的譯書範圍——嚴復與林紓——譯界之王——信
達雅——挖苦——翻譯界底成績
十　整理國故運動……………………………………三三〇
複古運動——國故釋名——胡適之兩面觀——讀書雜志——兩個國學

會目——標點書籍——整理的成績——國故毒

十一　結論……………………三三五

進化與退化——歷代變遷底痕跡——最近的解放——明清五百年間底
白話小說

第一篇 序論

第一章 文學底本質及實體

形與聲　文學上底功利主義　個性底寫眞　文中有人，詩中有我　我卽神，神卽我

形與聲　文學是得以見形的。旣有了形，又有色彩。但文學底本質，是在形與色彩之外。文學是得以聞聲的。旣有了聲，又有韻律。但文學底實體，是在聲與韻律之外。文學底色彩和韻律，雖有形與聲，接觸於人底耳目；可是文學底本質及實體，無形無聲，超越於人底視聽。——雖超越於人底視聽，也決非超越人間界，而特立於宇宙之外，或指絕對性的物，叫做文學底本質及實體。文學底本質及實體，

當可說是在棲息於現實世界，從民族底腦裏所起的思想感想當中。

文學上底功利主義　文學和人底思想感情具體化了，那末人底思想，就是文學底本質，人底感情，就是文學底實體。所以文學者底使命，是在爲個人發揮個性，爲國民宣揚國民性，小之關於一身底境遇，或喜或悲，而爲現世底理想化，通俗底藝術化。因爲詩人，未必是天下底閑人；詩人底天職，決不是天下底閑職。文學旣爲人世間底產物，那末文學者底事業，也決非超越人間，與社會沒有關係的，這是當然的理由。藝術，是一切人間的行爲，社會的行爲。文學底效果，也是在達天下傳後世，而博得知己者底同情。關於這個意味，我却懷抱文學上底一種功利主義。因此，將以文學爲閑人底閑事業，爲我中心所忌避的。

個性底寫眞　能夠發揮個性美底文學，實卽個性底寫眞。能夠宣揚國民性底善底文學，實卽國民性底映畫。這個性，是爲個人底本性本能，並非學始可成，勉而後得，乃是先天的任何人所得享受底東西。在時間的無古今之別，在空間的沒東西之差。但可稱爲個性的，尤其是人有特殊的性僻。所以宋儒對於性有本然和氣質二種之辨。本然之性，就是亘古今通東西恆一定不變的東西。氣質之性，卽所謂「習慣成第二天性」，乃是從遺傳及境遇而來，且把人底性質生出陰陽，剛柔，明暗，利鈍之別。孔子底所說「性相近」一語，卽是看破牠底本然性無大差別 也卽是先天的大同說；「習相遠」一語，卽是喝破第二天性有多少底異同，也卽是後天的小異說。人若只知其性底小異，而不知其大同，那就難辨物底統類了。古人有「人心不同如其面」之說，也是這個道理。因爲人面雖或長或短或白或黑或獰猛或溫和而各殊其相，但都是人類，這是任何人所不懷疑的。取以神農氏牛首，越王烏喙，漢高祖龍顏，仲尼倛面，諸葛瑾驢面，豐大閤猿面，其他詩經上所說的「螓首」「蛾眉」，國語上所說的「虎目」「豕喙」，難道便都疑其人而看做鳥獸虫魚底羣了嗎？那末在人底氣質方面，雖有陰陽，剛柔，明暗，利鈍之別，其他呢，畢竟在人類底裏面，仔細個別觀察，各各比較，不過生出小異吧了。若能達觀起來，更與其他的鳥獸虫魚比較，輒敢認無論那個都是個性的大同，而不能認爲小異。像這樣的有個性底詩人，接觸外界底事物，而把自己底思想感情，發表於文字楮墨之上的。文學底形色，於以可見；文學底聲律，就此而成。天下後世底讀者，到處愛誦，永久共鳴，就成立文字上底契合，文學上底團結了。這個文學，卽爲個性底寫眞底所以了。

文中有人詩中有我　人底氣質，也許是十八十種，而其裏面，却不是沒有一般共通的所在，這就叫做國民性。所以國民性，乃是多數個性之共通的一般性；離開個性，就不是國民性。也可以說是除了個性中底最偏僻的部分以外，卽是國民性。所以國民性，是和現實的社會有密接的關係，不但是保持着最濃厚的人間味，而且還受着不少時代底推移，氣運底隆替，以及山川，風土，氣候底影響。所以國民文學，在時代的古今異其氣味，在空間的，東西殊其風尙，也是當然的歸結。這樣的文學，是國民性底映畫，同時且爲時代底映畫，還可以當作當地風土氣候底映畫。

要之文學底主要目的，在發揮個性美，不發揮個性美的，即不是眞的文學。眞的文學，語語有血，句句有淚，必然的能寫出自我底眞相。趙執信底談龍錄中說：『文中宜有人在』；方植之底昭昧詹言中說：『詩中須有我』，都可見得文學是發揮個性不可依傍他人底意味底。因此我敢斷言，文學底本質及實體，全在於人底思想感情之中。

我即神神即我　但是世之理想論者，以爲文學是越超人間而是神性的東西，把文學底實體歸宿於神。可是我們不幸沒有宗教底信仰，否認人間以外有神底存在。我們底神人合一論，是主張天地萬物本來一體的，神實在我底體內，而存於我底心裏，同時宇宙萬象，即是一切神底分體。我就是小神，神就是大我。我底軀殼，即爲神底形骸，我底性情，即是神底至尊心。綜合我們底實體，就是大自然底實相，綜合我們底眞性，就是大尊神底至尊性，荀子底勸學篇裏說：『神莫大於化道』，儒効篇裏說：『盡善浹洽之謂神』，他即是不認人間以外之神，而不是把神存在於我底心內嗎？』像邵雍底觀易吟裏說：『一身還有一乾坤，天人焉有兩般義？』張載底西銘裏說：『天地之塞吾其體，天地之帥吾其性』，也近於這個意思。所以論者以神爲文學底實體，我所絕不贊成；倘解神卽個性，個性卽神，便彼我一致，無所矛盾的了。

第二章　文學底價値及功用

文學底目的　作者與讀者　文學底性質　文章底人格化　努力派與天才派　文學者底理想　成己成人

文學底目的　無論做什麼事情，必先要有目的。向北面而赴楚，這種古來愚人所做底行爲，應爲後世底笑柄。我們硏究文學，禮讚文學，也必要樹硏究底目的，敎禮讚底信念。有了目的，且有信念，乘理想之海，一路萬里，便得順波濤而達於彼岸。但旣樹了硏究底目的，和敎了禮讚底信念，必先要明白文學這個東西價値底高下，和功用之大小。

文學是個性底寫眞，國民性底映畫，已如前章所述。就個性之寫眞方面說，那末文學底目的，只在爲個人的嗎？從國民性底映畫方面說，那末，文學底目的，在爲博國民底全體的嗎？文學上底價値與功用，這個問題，究應怎樣解決呢？

作者與讀者　文學是發揮作者個性底東西，其目的決不止在作者一人。荀子底不苟篇裏說：「千人萬人之情，一人之情也」，眞道破人底性情，在時間的是古今不變，在空間的無東西之別了。所以作者如果能寫出眞實的自己底個性，千人萬人底讀者，必各自滿足，將都說：「他是先獲我心」，「他能盡我之所欲言。」作者披瀝自己底感情，訴於讀者底感情。讀者同情作者底境遇，感泣作者底熱血與熱淚。這其間底心交，眞是靈和靈底握手，雖地距千里，而意氣投合的了。文字底契如，成如金石之固，文學底團結，超越於時間空間。因文學這樣東西，不限年歲，不限國界，既無古代今代之別，又沒東洋西洋之差，一方有卽興性，一方有永久性，一方有唯我性，一方有普遍性。文學底價値在這裏，文學底功用也在這裏。

文學底性質　卽興性，乃是一時感興的意義，對於永久性，成爲瞬間的稱呼。永久性，乃指『文章經國之大業，不朽之盛事』的意義，可以說文學底生命永久不滅。唯我性，乃是說主觀的表現自我底唯一的條件。普遍性，乃是一人披瀝至誠之言，能契合千人萬人底情緖之謂。就中卽興性，是就創作底動機而說，唯我性是就創作底目的與手段而說，永久性是指文學底價値亙於永遠的時間，普遍性是說文學底功用傳播於廣漠的空間。

文章底人格化　『文是人底語言，文章乃是標榜個性底寫眞』，在我國（按指日本）高山樗牛底主唱，以及法國蒲封(Buffon)氏所說的：『文體卽人』，幷韓德(Leigh Hunt)氏推翻蒲封氏之說，乃謂：『人卽文體』這些：都是道破人格與文體有密接的關係的。這不止是歐洲近世學者所特許的提倡，在中國漢時楊雄所說：

「書心畫也，」也是指文章爲個性底寫眞，已於三千年前提倡過了。

努力派與天才派　思想感情底產物——文學，固有一種偉大的感動力。其在當初，必先由作者自己感動，後乃感動於其他底讀者。讀者底感動力，乃是看作者底感動力底强弱而比準，而作者寫出自己所感動的，或者是由苦心之後推敲之餘所作成的。或者是由直觀的發表自己底感興，毫無思索的作用，及加以潤色。前者底苦心派，是努力主義，修辭主義，困學而勉成的。像司馬相如的含筆腐毫，張衡十年作成二京賦的是。後者底直觀派，是天才主義，自然主義，開口即語語成玉，援筆而字字生花。像曹植底七步成詩，李白斗酒詩百篇的是。努力底結果，或未能稱雄於生前百年，一代的名譽，常屈於天才的詩人，但最後的勝利，總歸此派之手。如左思之於陸機。天才的效果，在多多益辨，篇篇金玉，未始不出人意表，使讀者有「一唱三歎」之妙；但天才底作品，對於偉大莊嚴的美，却每有降伏於努力派之概。所以兩派雖是同一的表現個性，永久性及唯我性以努力派居多，而即興性及普遍性概以天才派爲多。

文學者底理想　唐之韓愈，能理解文學底價値及功用。曾同情柳宗元而愛他底才學，悲他底境遇，常稱揚他，人雖窮而文學則反成功，「雖使子厚得所願爲將相於一時，以彼易此，孰得孰失，必有能辨之者。」因韓愈底心中，以爲做將相不過享一時的寵榮，不如文學者成就百世不朽的事業。文學者底理想，在官爵利祿之外，應有這種的自信自覺。

成己成人　要之文學底價値及功用，是在作者與讀者之間，情意投合，一人底言，能契合千萬人，一代之作，能歡迎千百世。若從作者方面說來，流露自己底感情，發洩自己底不平，一面足以消極的安慰自己，一面得以積極的尊重自己，且利用文學的永久性及普遍性，可得天下百世的知己。若從讀者方面說來，立於和自己相同的境遇，同情於有同理想的作者，同時反省之後，也得自己安慰，自己尊重，積極的開立身出世底途，消極的達安心立命之地。這樣在事實上實足證明文學的永久性及普遍性了。作者底自己慰安，和自己尊重，是成己。使讀者開自己立身出世底途，達自己安心立命之地；是成人。以成己成人底目的，去研究文學，禮讚文學，到達理想底彼岸，不卽是中國文學底天職嗎？

第三章　文學與時代

人生底寫眞　時代底映畫　時代順應　三位一體

人生底寫眞　文學是人生底寫眞，時代底映畫。詩人或主觀的，或客觀的，或從表面，或從裏面，或部分的，或綜合的，寫出百年的人生；一篇文，一首詩，都是人生底寫眞。顧宇宙爲一大劇場，古今東西之人，不問男女老幼，無論上下貴賤，凡英雄，美人，君子，小人，詩人，文章家，醫者，儒者，僧侶，乞丐等等，都是劇中底角色。所以不但古今東西底歷史，都是人生底寫實，而爲連續的一大脚本；卽古今底詩集，詩經以下，漢魏六朝底古樂府等，都是歌劇；一切的文集，也不過是喜劇悲劇底科白呀。我們更不得不贊賞康熙帝之所說：『日月燈，江海油，風雷鼓板，天地間一番戲場；堯舜旦，文武末，莽操丑凈，古今來許多脚色。』

時代底映畫　能寫出個性美底文學，就叫做個人文學；同時能描出時代劇的，便是時代文學。而且這是有關於時代底興亡及治亂的。興國底氣運，常向上的，進步的；亡國底習俗，概消極的姑息的。治世底文學，有雍容地太平的氣象，而亂世底文學，多激越地悲痛的韵致。因爲文學是追隨時代底思想及氣運的，離開時代，便不是文學。文學是能影響於時代的，猶個性之得左右其環境。所以詳悉時代底眞相，是研究時代文學的底所必要。同時要鑑賞文學底眞味的，也有研究產出文學之時代底必要。詩經底大序說：『治世之音安以樂，亂世之音怨以怒，亡國之音哀以思；』冢田大峯底娛語說：『文運與時運相應如影響，故盛世之文，其氣正大，衰衰世之文，其氣纖靡，徵諸歷代皆然矣。」這都是表白文學與時代有密接不離的關係的。

時代順應 股肱元首底歌，是流露唐虞禪讓底氣象；採薇麥秀之歌，是描寫殷周革命底史實；拔山大風底歌，是映畫楚漢興亡底事跡；都是確實的時代底寫實。何況詩聖的杜子美，詩仙的李太白，詩佛的王摩詰，與於同時代，而裝飾盛唐底詩壇：這不是開元底英主，把道儒佛三教，收於自己底掌中，能成中興底大業，而同化於時代底氣運嗎？所以謝榛底四溟詩話（卷二）裏有說：「子美不遭天寶之亂，何以發忠憤之氣，成百代之忠？國朝何仲默亦遭壬申之亂，但過於哀傷爾。」這也是表明文學與時代關係底密切。

且四言詩流行於周以前，五言詩發生於漢代，七言詩發達在唐以後，是文學底形式，也順應於時代底要求。又流行於漢以後底道儒佛三教，不止爲中國思想界底三大潮流，——雖前有法家，墨家，沒有基督教，回回教，一盛一衰，迭爲消長，而他們底學術，他們底教義，總合一的浸潤於中國文學底內容。這樣的文學內容，便使之感化時代底思潮。像這樣的時代底推移，同時便多少的促進文學底變遷：或具新的形式，或稟新的生命，遂有文學史撰著底必要。倘若文學超越時代，恆久地不變，那末文學史底撰著，畢竟是閑人底閑事業了。劉勰文心雕龍裏說：「黃歌斷竹，質之至也。唐歌在昔，則廣於黃世；虞歌卿雲，則文於唐時；夏歌雕牆，縟於虞代；商周篇什，麗於夏年；」這是說明時代底變遷；「黃唐淳而質，虞夏質而辨，商周麗而雅，楚漢侈而艷，魏晉淺而綺，宋初訛而新；」這是說明時代底特色。若要我評論三代以後底文，那末當說：「三代底文章渾厚典雅，可以把虞夏商周底書來證明；先秦底文章雄健壯大，可以把孟莊荀韓底文來證明；兩漢底文章雅馴，而氣餘不揚，精彩不足，可以把董仲舒，劉向，谷永底文來證明；六朝底文章綺艷，而過於雕琢，可以把顏謝徐庾底文來證明；唐宋底文章精鍊，尙簡古而重遒勁，可以把韓柳歐蘇底文來證明。」

三位一體　文學能影響時代，已如上述。而時代底思潮，在君主專制國的中國，常能左右人主底意嚮。人主底意嚮，能左右時代底思潮，而時代底思潮，能左右文學底方針，文學——時代——人主，殆呈「三位一體」底狀態了。對這個君主時代底常習，古今歷史，每足證明這個事實的：吳王好劍客，百姓多瘡瘢；楚王好細腰，宮中多餓死。上之所好，下必甚焉。這是世態底通弊，也是人情底弱點。況一代的君主，若能熱心地獎勵文學，那末斡旋天下底風潮，又有何難呢？漢文崇尙黃老，天下便變做道家專制底時代；漢武表章六經，時代便變爲儒家全盛底天下；魏武好刑名，養成天下慘礉之風；魏文重曠達，時代便馴致於任放之俗。像這般的，以人主一人底力量，能一變天下萬人底耳目，餘可槪見了。

第四章　文學與政治

三不朽　學者底理想　政治底失敗　文學底壽命　文學底政治化

政治底文學化

三不朽　一國底政治，爲支配一代底思想，增進一國文化底樞機。所以文學和政治，有最密接的關係在；帝王底政治方針，恆爲左右國民文學底方針。由來帝王底一言一行，有轟動天下耳目底威力，歷代底帝室，是名譽之源泉，爵祿底淵叢，而爲天下民衆一齊瞻仰之所。尤其是中國人汲汲於古來名利的國民，不止是「烈士殉名，貪夫殉財，」卽學者底理想，「第一立德，第二立功，第三立言，」在贏得「不朽」底名譽。像左傳襄公二十四年，叔孫豹底所說：『太上立德，其次立功，其次立言；』卽是。就中立德與立功，雖待政治底手腕，立言，是屬於文學的事業了。但是立言，古來之所以能參立德立功，居「三不朽」底一的，爲因文學底內容，却有經綸天下底——政治底大道存在。如前所舉毛詩大序『治世之音安以樂，』卽是指政和；『亂世之音怨以怒』，卽是指政乖；『亡國之音哀以思』，卽是指民困。這乃是說明音樂與政治及詩歌，常相依而相助的。何況魏文帝曾說：『文章乃經國底大業，不朽底盛事呢。』是可知文學和政治二者，有不即不離底關係。其他如劉禹錫所說的：『八音與政通，而文章與時高下；』張方平所說的：『文章之變與政通；』都是。

學者底理想　中國底學者，自幼即耽讀書，夙興夜寐，所以敢不厭借螢雪之勞的，其目的果在那邊呢？因他們都期望他日政治上底大成功，「窮」「達」二字，始終深銘於他們底腦子裏而不能忘底緣故。所以達則得志經綸天下，即是他們底終結目的。不但大學底八條目如是：『始而格物致知，中而修身齊家，最後的目的，則爲治國平天下。』孟子也說：『士窮不失義，達不離道，窮不失義，故士得己焉，達不離道，故民不失望焉；』就可知窮達兩方面，是如何的關心呀!?且他又以『古之人得志，澤加於民，不得志，修身見於世，窮則獨善其身，達則兼善天下；』爲己底理想，而辨物底本末與事底難易。以身爲本，以天下爲末；以修齊爲近且易，以治平爲遠而難。如離婁篇說：『人有恆言，皆曰天下國家；天下之本在國，國之本在家，家之本在身；』又說：『道在邇而求諸遠，事在易而求諸難，人人親其親，長其長，而天下平。』但他歷游齊梁諸國，畢竟欲貫澈政治底治平底素志，決非僅修齊道德而可達到目的的。子夏也曾說：『仕而優則學，學而優則仕；』仕而優則學，是說達而得志，猶不廢學；大有死而方止之概。學而優則仕，不是說卒業後底目的，在發表政治嗎？何況在漢代以對策取賢良文學之士，唐以後以詩歌文章，而舉行進士明經底科舉呢。是文學到於爲仕進之資，經學也化爲官位爵祿底贄了。荀子底勸學篇說：『君子之學美其身，小人之學爲禽犢，』這是慨歎「學問教育底目的，不過爲充仕官底慾望，」底時弊，可以卜知文學和政治底關係爲如何了。

政治底失敗　凡中國底文學者，特別的在晚年；當佢們在盛年底時代，決不肯把文學專當做自家底理想，即佢們最初的期待在立德立功，半生的事業，向政治方面突進。但至不爲時君所用，佢們底不平，遂鬱結爲煩悶，爲憂愁，爲憤恚；及到晚年底生活，方委之於文學方面，將滿腔底不平，發爲詩歌，以文章爲自家底理想，求知己於天下百世了。這不是把立言對立德立功而居於古來三不朽之一底緣故嗎？但成功於立言，得知己於百世，文學者底裏面，不得不悲政治的生活：——一立德失敗，二立功失敗。若使孔子生於周公底時代，立在周公底地位，他必立德立功之點大成，而立言之點，或未見得有如今日的成功。是孔子底文學底成功，實基因於他底政治底失敗。請看孔子底春秋，不是在夢周公底盛年時代做的，是成於晚年其道不行，自衞返魯而後。這不獨孔子爲然，如窺探中國文學者底裏面，殆皆沒有一個不是失敗的政治家。要之，中國人徹頭徹尾，都把文學供政治的方便，當初以文學爲仕進底途徑；及至晚年，乃訴政治底不平，而作爲慰安自己底方策了。——把自己底理想，托之於不朽的盛事，而求知己於百世。

文學底壽命　中國文學，由來帶政治的色彩爲多。所以中國文學，不祇爲專門的文學者所歡迎，格外地爲多數的政治家所愛讀。因爲中國文學，有爲政治家敍國家底經綸策與寫出自己境遇上底不平二種。所以後世底政治家，不論鳴自己底得意，與訴自己底不遇，皆尙友古人，誦其詩而讀其文，必怡然自樂，若先獲我心；所謂見古人之詩，如我之所欲言者，看古人之文，像發揮我底經綸而無所遺憾。這種文學底壽命，非老子所謂「死猶不亡」的嗎？

文學底政治化　政治底文學化　急於求仕進底文章家，常把佢們底才學，發之於文章，以求顯達於時君。於是上表，上書，爲奏，爲疏，爲對策，爲封事，都是文學底政治化。賈誼底治安策，晁錯底賢良策，蘇軾王安石之萬言策等，都是積極的政治文學。不得於君底熱忱詩人，遂把佢們底心情，發爲韵文，求知己於百世。於是爲詩爲賦，爲騷，都是政治底文學化。屈原底離騷，賈誼底鵩賦，張衡底四愁詩，杜甫底北征詩等，都是悲觀的政治文學。尤其是李紳之憫農二首，聶夷中底傷田家，韋應物底采玉行，無名氏底蠶婦詩等，都是如何關於社會問題中底勞働者而爲諷刺政治底文學！其他在行役閨怨諸作中，也多含有政治底意義。要之，詩人文章家底思想，其所以悲觀多於樂觀的，因伹們文學者，本爲政治家，及歸於失敗，心中常懷不平之故。古詩十九首以後，詩人底人生觀，多橫流厭世思潮，也是爲着這個的呀。

第五章 文學與道德

純美與眞善 文學底道德化 道德底文學化

純美與眞善 文學者未必是道學者。但以道德仁義要求於文學者，這是不理解文學底憑者底所爲。文學决不與道德並行。道學者却沒有文學者底資格爲多。因文學與道德，不但是初起底動機相異，即就性質而說，文學是以感情爲本位，而道德則以理智爲本位。文學由藝術的或美的情緒而成，道德則由倫理的，或須躬行善的意識的。文學是謀思想解放的，不合於道德的觀念的不少；道德是爲抑制意思的，善惡的觀念非常地鞏固。文學尙個性，道德富社會性。文學以本能底快樂爲主義，而道德以教訓的儆戒爲目的。這二者是殊途而不同軌的。所以文學者底言行，雖不爲道學者所滿足，而道學者底態度，也不爲文學者所滿足。蘇東坡與程伊川之水火不相容，其中的情形，不卽是一個實證嗎？但文學與道學，不是不能絕對地一致。純美裏面，有眞善之性。眞善背後，有純善之質。譬如藝術家有多少德性涵養底必要，倫理學者也應有幾分體味藝術美底必要。

文學底道德化　且文學者旣爲國民，亦社會之一分子，無論怎樣，其身雖以藝術萬能爲主義，但決不能把國民底道德，社會底風紀，國家底法律蔑視。若做了文學者，而就可破壞國民底道德，紊亂社會底風紀，牴觸國家底法律嗎？是他不但爲法律上的罪人，實是道德上底亂臣賊子。李密底陳情表，諸葛孔明底出師表，爲千載底後人，一唱三歎而不能自已的，未必只是文章底工妙。乃是陳情表盡人子底善孝之道；出師表盡爲臣的善忠之道吧。何况像詩經蓼莪之詩，見善孝之道。天保之詩，見善忠之道，棠棣之詩，見兄弟底友愛，伐木之詩，見朋友底信義呢。這不是以道德底五倫爲題材而融化於藝術美底嗎？

道德底文學化　在上古的中國，堯舜以後，禹，湯，文，武，周公之道，一由孔子集其大成。孔子以後，二千五百年底世道人心，實爲孔子之教所支配。所以卽在文學界，儒教底道德仁義，常被發表於詩人文章家底筆端，四庫書底大部分，差不多是屬於儒教倫理的。對於散文：十三經不必論，陸賈底新語，劉向底新序，說苑，列女傳，楊雄底法言，桓譚底新論，荀悅底申鑒，徐幹底中論，傅玄底傅子，顏之推底家訓，王通底中說，唐太宗底帝範等，都是溯洙泗之源，揚仁義底波的。何況宋底邵周程朱之書呢。八史經籍志底子部中，看他儒家占多數，也就可知文學與道德底關係甚爲密接的了。又韻文：漢古樂府底君子行曾敍：「以禮自律，以謙接下，防嫌疑於未然，」宛然儒家底格言，殆類五言底箴銘。所以晉陸機底君子行，梁簡文帝底君子行，及沈約底君子行等，都無非繼承此意。其他韋孟底諷諫詩：繼善人之志，述善人之事，說孝子之道。韋玄成底戒子孫詩：恆無安息，靖恭爾位，明君子底態度。傅毅底迪志詩：須及時勉勵，幾月不待人，是敘學者底理想。何況晉傅玄，傅咸之作，更純乎名教之言呢。梁武帝實三教兼收底英主。在他所著孔子正言及述懷詩底裏面：禮讚孔子，並自述獨學孤陋，已無善誘，空寄懷於舜底股肱，和皋陶底元首。唐之杜甫，爲一代底詩聖，能發揮儒家底精神的。他底北征，上爲君爲國，下懷家懷鄉，以滿腔血，滿眼淚，爲一篇經緯，眞爲儒教文學揚氣焰發光輝。試繙淸底谷際岐底歷代大儒詩鈔六十卷，一讀首唐底韓愈，宋底周張程邵以下數十八底詩賦，就可知道學者一面兼爲詩人的資格了。

第六章　文學與宗教

一種的人生學　儒教倫理　三教底文學底順位　詩人與僧徒　道教

文學　佛教文學　唐之佛教趣味　宋之理智本位　詩禪一致

一種的人生學　道儒佛三教，支配漢魏以後二千餘年底思想界。而儒教底道德仁義，雖原非宗教；可是佛教有大藏經，道教有道藏，都是宗教文學底寶典。佢們底理想：常在濟度衆生，淨化濁世，仙化俗界。佢們底方法，以「自憂愁煩悶的凡人生活，引導至安心立命的極樂淨土，」的一種人生觀出之。顧宗教底第一義，在過人生於無事，送百年於安樂：或欲祈願長壽；或欲念佛免災，獲幸福，幷求後世利益；或確信自己處境底不平，欲慰安一身底不遇。所以宗教思想，發生於所謂自力不及底場合，始仰期他力之際的。對這個意味，宗教可稱爲一種的人生學。那末對於人生底寫眞文學，人生學底宗教的信念底發露，也當然之事了。這便足知文學與宗教底因緣很是密切的了。

儒教倫理　中國古來禱天敬神之念很篤，徵之唐虞三代底文學可以知道。尙書底堯典裏說：「乃命羲和，欽若昊天；」在舜典裏說：「肆類於上帝，禋於六宗，望於山川，徧於羣神；」在金縢裏說：「周公能事鬼神；」當時不是極認天神地祇及人鬼的嗎？何況毛詩裏：曰天，曰神，曰上帝，曰昊天，曰旻天，曰上天，曰皇天，都是自覺超越人間支配人類的是絕對的神。又如周禮裏；對天神祀昊天，上帝，日月，星辰，司中，司命，風師，雨師；對地祇祭社稷，五嶽，山林，川澤；關於人鬼，對先王，則祠春，禴夏，秋嘗；冬烝。也就可知當代底文化之有宗教的信仰了。但是孔子說人道不語天道，說現世不語未來，常對門人說仁說恕說孝慈，不曾語神言鬼，是由來只孔門文學裏底教育倫理，爲絕無宗教色彩的了。何況荀子對人道以外，不認天道，以禮爲羣類底綱紀，以神爲人間底道德化底東西，對於儒教倫理到一掃哲學及宗教底價值了。

三教底文學底順位　在唐虞三代，無宗教之名而有其實。但至春秋以後，學術進步，同時便掃滅了宗教的信仰；於是秦漢三百年底人心，常驅於恐怖，悶於瞋恚，社會界底風潮；日趨於危險化了。因時代底要求，復渴望宗教的信仰。所以佛教與道教，在後漢時代前後相互勃興，遂扶植爲中國宗教上底二大勢力。道佛二教，在六朝以後，互相對峙，互相凌轢，常立反目的地位。惟佛教底宣傳，貴賤相通，流行於一般上下；而道教底宣傳，則概行於平民社會，不被貴族社會所信仰。因佛教比較的多哲學底價值，而道教學術底價值幾乎沒有，寧可說迷信的事實所佔爲多。所以若從文學上定三教底順位，不得不以儒教爲第一位，佛教爲第二位，道教爲第三位。顧儒家本來立脚於人情上，以人道爲準繩，小之個人上修一身，家庭上齊一家，大之治國平天下，都以仁義道德爲主義，而君臣，父子，夫婦，兄弟，朋友的五倫，立於順境的場合爲樂觀文學，處於逆境的場合卽爲悲觀文學；而道教則無知無欲，長生久視以外，便一切拋棄人事；佛家清淨寂滅絕物慾，去俗累，却超然的逸出於富貴功名以外的。所以立脚於人情底儒教思想，在感情本位的中國文學界，占主要的地位。雖「絕聖棄智，絕仁棄義」底道家，與「一死生，解外膠」底佛家，對於文學界，都不得不拜儒家底下風的。

詩人與僧徒　雖是中國底文學者，大都是政治界底失敗者。所以多數的詩人，飽經世故，有了王維所謂「白眼看他世上人」的態度。於是佢們底心理狀態，殆都置形骸於度外，而有酷似僧徒之處。柳宗元底嗜浮圖爲此。韓愈雖排斥佛教，在潮州時常與僧大顚往來亦爲此。所以學者雖往往排斥佛教，而詩人多陰與僧徒握手。這也是佛教的文學底順位在道教之上底緣故。

道教文學　倘廣義的解釋道教底思想，那末老莊底虛無思想及方士底神仙養生說，是文學上所遺下來的幾多不朽的名作！就散文方面：漢淮南王安底淮南子，嚴遵底道德指歸論，晉葛洪底抱朴子等，都是道家者流底錚錚傑作。其他何晏底道德論，阮籍底達莊論，也是宣傳老莊思想底作品。試一讀曹植底道書，便可知在漢魏之際底道家思想的如何浸潤了！但道家之書，比儒家要少得多。他們平生所持的主義，在知之不言，言之不知。而就韻文方面：賈誼底鵩鳥賦，對所發表底「一禍福齊死生」底老莊思想，極爲首肯：又漢高彪之清誡，魏嵇康底秋胡行及六言詩，晉湛方生諸人共講老子之作，是都借五千言中底文字，來宣揚老子主義的。其他東方朔底誡子詩，發揮一龍一蛇與物變化的柔軟主義；梁鴻底五憶歌，鼓吹老子民之饑，以其上食稅之多底過激思想；張衡底思玄詩，流露天長地久，超越物外玄之又玄的微旨；嵇嘉，郭遐周，郭遐叔，阮侃等，以嵇康爲中心，相互贈答酬唱，發表輕物不重生底通家養生說：都是。所以張華底游俠篇裏曾敍孟嘗，信陵，平原，春申四君底游俠，結束則說：『我則異於是，好古師老彭；』又在游獵篇裏敍在凝霜堅冰之中的壯士底游獵活躍的情景，末段說：『人生忽如寄，居世遽能幾？至人同禍福，達士等死生；游放使心狂，覆車難再履，伯陽爲我誡，檢跡投淸軌；』也是率由的寫老子底遺音。且不但古樂府底長歌行，步出夏門行，曹植底飛龍篇，遠遊篇，應璩底三叟詩等，與道家底神仙養生說共鳴，而曹植，張華，成公綏，何劭，郭璞，庾闡，王融，袁象底游仙詩，張華，左思，陸機，張載底招隱詩，鮑照，江總底蕭史曲，簡文帝底昇仙篇，曹植，戴嵩，張正見，顏之推，盧思道，魯范底神仙篇，曹植，劉孝勝，盧思道底升天行，北周底庾信，隋之煬帝，唐之顧況，吳筠，韋渠牟，劉禹錫，司空圖，高駢，宋之徐鉉，明之朱眞淤底步虛詞等，概是道家底神仙思想。尤其是唐之宋之問，張說，王維，孟浩然，韋應物，儲光羲，劉長卿，錢起，韓翃，盧綸，李德裕，白居易，劉禹錫，賈島，孟郊，張籍，于鴻，皇甫冉，李羣玉，杜牧，温庭筠，杜荀鶴，陸龜蒙，司空圖，韓偓，宋之蘇軾，徐鉉，劉克莊，趙師秀，張詠，翁卷，眞山民，元之虞集，楊載，薩都刺，馬祖常，倪瓚，張翥，貢師泰，明之袁凱，張羽，孫蕡，詹同，林鴻，王ㄧ，張以寧諸人。都是以詩與道士交際，或過訪，或寄懷，或送別，或留別，寫出道士底理想，與實際生活的狀態，也可謂一種道教文學。況唐詩仙李白之作，所流露的更以仙風道骨爲多。試援他集，一誦飛龍引二首，元丹丘歌，白毫子歌，贈焦鍊師，送賀監歸四明，送賀賓客歸越，江上送女道士褚三清游南岳，天台曉望，題嵩山逸人元丹丘山居，送內尋盧山女道士李騰空二首等，便思過半了。

佛教文學　佛教之到中國，自後漢底明帝朝，始植根抵於中原。其後數百千年之間，佛教底隆興與經典底翻譯，流行甚盛：前有六朝譯，中有唐譯，後有宋譯，雖各保有一長一短，一利一弊，但譯經底事業，實爲當代的一大事業呀！這不但爲宗教文學底經國大業，實爲翻譯文學之不朽盛事。且在當時的文學界，因佛教底隆興，同時遂取佛教底術語，去謳歌佛教底功德。佛教文學，便隨之而流行了。晉王齊之底念佛三昧詩四首，支遁底四月八日讚佛詩，詠八日詩三首，五月長齋詩，八關齋詩三首，鳩摩羅什底十喻詩，惠遠底報羅什偈，竺僧度底答苕華詩，宋謝靈運底維摩經十譬贊八首，齊王融底淨行詩十首，梁武帝底十喻詩五首，會三教詩，簡文帝底十空詩六首，宣帝底迎舍利，釋智藏底奉和武帝三教詩，釋惠令底和戒詩，陳張君祖底三昧經讚，道樹經讚，贈沙門竺法頵三首，答庾僧淵，庾僧淵底答張君祖等詩都是。何況北周，僧某所作底五苦詩，更能發揚佛教的趣味呢。降至唐朝，詩人界尤多緇徒。如唐詩品彙，曾舉釋氏三十三人，亦足證明大勢之所趨。就中以寒山，皎然，貫休，齊己，靈澈，法震，法照，無可，護國，淸江，無本諸人，尤爲錚錚。特別地寒山底寒山集，皎然底抒山集，貫休底禪月集，齊己底白蓮集，能爲佛教文學發揚萬丈的氣燄。又詩佛王維，能發揮佛教底極致，猶詩仙李白能宣傳道教底眞諦，詩聖杜甫，能宣傳儒教底眞諦一般。

唐之佛教趣味　且在唐底詩人，登浮圖而悟淨理者頗多；像沈佺期，岑參，高適，李端，李適，趙彥昭，楊庶，張喬，章八元之於慈恩寺，陶翰，崔顥之於天竺寺皆是。聽名僧底講經，而奉事金仙的頗多；像高適之於九思法師，孟郊之於爲元居士，賈島之於僧雲端的皆是。或惜別沙門，或題懷山寺，而致景仰歸依之意底。李嶠及李乂底送沙門弘景，道俊，玄奘還荊州，李白底別山僧，儲光羲之送王上人，送恂上人，孟郊之送元亮師，劉長卿之送方外上人，柳宗元之送僧浩初序，李嘉祐之送弘志上人，皇甫曾及盧綸之送少微上人，權德輿之送暎師，送玄上人序，送靈澈上人序，劉禹錫之送惟良上人等，都爲送別的文學。賈島底宿山寺，方干底游竹林寺，曹松之宿僧院，張蠙之宿山寺，常建之題法院等類，皆爲寄懷的文學。或作大師底碑銘，或作巨刹底碑銘，而謳歌三寶底功德底。張說底大通禪師碑銘，李華之徑山大師碑銘，權德裕之百巖禪師碑銘，柳宗元之無姓和尙碑銘，崔黯之東林寺碑銘，舒元輿之重巖寺碑銘，李邕之大雲寺禪院碑銘，盧璧之新興寺碑銘等皆是。

宋之理智本位　宋之文學者，繼承唐朝後塵，而莫不期圖出一種新的機軸底東西。所以唐底文學，與其說是理智，寧可說似感情本位；宋底文學與其說是感情，寧可說是理智本位。因是宋之詩歌比唐爲遜色，而宋之經學文章，却到底非唐朝所能企及的哩。宋之特色，在理氣性命的哲學及倫理學，不在於純文學。故爲宋道學傳中底領袖邵雍，張載以下二十三八，都嘗傾注精力於釋老二教的鑽研。他們都一樣地復歸儒教，提倡理氣，以正心誠意爲學問底根本。所以他們雖或陽詆釋老，實則陰取釋老。這與唐韓愈不知佛教底眞價，而漫攻擊佛教者却不可同日而語。

詩禪一致　宋底文學，較之感情寧偏於理智。既如此，那末對於宋底經學文章，發揮佛教趣味的，不但是不很少，即宋底詩道，也唱詩禪一致之說，這在嚴羽底滄浪詩話裏所提倡的。故揚簡一派的學者，貶李杜之詩，而罵他沒有學問；實則他們之詩，是亦詩道底邪徑，而被唾罵於百世的後人。這不是曾子所謂「出爾反爾」的嗎？迨後明清之交，以不屑屈節於清朝的明底遺臣，却概入山林，調節儒道佛三教，而實踐躬行之的。這也可知文學與宗教關係底密切了。

第七章　文學與氣候風土

氣候風土底影響　江南江北之差　經學與文學　書畫詞曲底南北

氣候風土底影響　人底氣質及習俗，多被影響於山川風土及氣候。中庸裏指衽兵革，死而不厭爲北方之強；又指寬柔以教，不報無道，爲南方之強。這是說明氣質由風土而異其剛柔的。在淮南子（齊俗訓：）說：『胡人便於馬，越人便於舟；』又說：『三苗髽首，羌人括領，中國冠笄，越人劗鬋，其於服一也；』這是說明習俗由地方而有一長一短的。何況對於實際的人生寫眞底文學，其受氣候風土底影響底事情很多，這是不用說了。像屈原底九歌九章，藉江南之風物而成；謝靈運底游覽諸作，由永嘉之山水而發；柳宗元底八記，待永州底勝景而生皆是。孟子說，『居移氣，養移體，』是指外面底作用能影響到內面底素質；而「養移體」一語，是說明榮養能改善身體；「居移氣」一語，是道破地位，境遇，及周圍底事情，能使直接間接地將自然的理法支於其人底品性。左傳（襄公二十一年）說：『深山大澤，實生龍蛇，』也是敍山川英靈之氣，對於人物有偉大的影響的。

江南江北之差　日本底國土狹小，尙且東北與西南，不止習俗大異，而人底氣質各殊，言語也不通，因是相傳昔時薩州人與奧州人，有到於以謠發表意思的事。

何況中國是世界底大國，東西俗殊，南北風異，原可不用說了。而氣候風土之差，由經度及緯度說，最甚的莫如齊秦東西之差，和燕荆南北之差。孟子稱爲北方的學者，莊子稱爲南方的賢者，這是認學術上底南北之差。

陳良楚產也，悅周公仲尼之道，北學於中國，北方之學者未能或之先。（孟子，滕文公上）孔子行年五十有一，而不聞道，乃南之沛見老聃，老聃曰：『子來乎？吾聞子北方之賢者也，子亦得道乎？』孔子曰：『未得也。』（莊子天運）

說苑辯南北之聲異同，文心雕龍辯四方之音移推，這是認音樂上底南北之差。

說苑云：子路鼓瑟，有北鄙之聲，孔子曰：『南者生育之鄉，北者殺伐之地，故舜造南風之聲，其興也勃然；紂爲北鄙之聲，其廢也忽然。』（修文）

文心雕龍云：塗山歌於候人，始爲南音；有娀謠乎飛燕，始爲北聲；夏甲歎於東陽，東音以發；殷整思於西河，西音以興，音聲推移，亦不一槪矣。（樂

府）

北史底文苑傳序，敍江左與江朔的氣象不同，有說：『江左宮商發越，貴於淸綺，河朔詞義貞剛，重乎氣節；』在陸法言底切韵序裏，辯吳楚，燕趙，秦瓏，梁益之音韻不同，有說：『吳楚則時傷輕淺，燕趙則多涉重濁，秦隴則去聲爲入，梁益則平聲似去；』在歐陽修底上書裏，論東南與西北之習俗不同，有說：『東南之俗好文，故進士多而經學少，西北之人尙質，故進士少而經學多；所以科塲取士，東南多進士，西北多經學者；』在李東陽底詩話裏，論文章有關於氣運及相繫於習尙，說：『本朝定都北方，乃爲一統之盛，歷百有餘年之久；然文章多出東南，能詩之士，莫吳越若者：而西北顧鮮其人，何哉？』像這些都是認文學上底南北之差。其他在晁公武底讀書志，論南學與北學之異同，謂：『南學簡約而得英華，北學深淵而窮枝葉』；在顧炎武底日知錄裏，論南北風化之失，謂：『江南之士輕薄奢淫，河北之人門狠刼殺；』又論南北學者之病，謂：『飽食終日無所用心，爲北方學者之弊，羣居終日，言不及義，好行小慧，爲南方學者之弊；」這些也都是認南北之差的。

經學與文學　想西北之地多山岳而寒冷，東南之地多川澤而溫暖的吧。「南船北馬」一語，不但見地理上南北底異同；西北之俗，勇悍而有堅實性，像山之峨峨然；東南之俗，寬柔而有流動性，如水之溶溶然。所以西北之士，常重緊張的規律，欲以武制勝；東南之士，常尙寬慢的自由，欲以文致治。在韓非子裏稱秦底民俗勇悍，有說：『出其父母懷衽之中，生未嘗見寇，耳聞戰鬥，頓足徒裼，犯白刃，蹈爐炭，斷死於前；』可謂能寫出西北人士底氣象了。其他如李白之送趙四流炎方序裏有說：『鄒魯多鴻儒，燕趙饒壯士，蓋風土之然乎？』韓愈之送董邵南序裏，有說：『燕趙古稱多感慨悲歌之士；』錢起底逢俠者詩裏有說：『燕趙悲歌士，相逢劇孟家；』都是在歎美燕趙多慷慨悲歌之士的。所以以兵言，西北之兵能耐苦戰，東南之兵常敗持久。這就是中國革命底風雲，常從西北起來底緣故。但是從學問說，西北底經學雖多，終不如東南底文學佔最優勢。在李白之文裏說，『鄒魯多鴻儒，』而韋應物之詩裏說，『楚俗饒詞客，』儒者爲鄒魯底國產，足見北方文學底特色；詞客爲楚地底國產，可以見南方文學底特色了。

書畫詞曲底南北　且南北之差，不但發露於人底氣象，音韵，習俗；畫也有南北，所謂南畫北畫是也。書也有南北，所謂南派北派是也。王羲之，王獻之，僧虔以下，唐之智永，虞世南等，都屬南派底書家；索靖，崔悅，盧諶，高遵以下，唐之歐陽詢，褚遂良等，都屬北派底書家。其他像詞有南北，曲有南北，紙有南北，墨有南北，都可見人之材性，依氣候風土而生出大差異來的

第二篇　內容論

第八章　理智與感情　一

文學底範圍　儒者以外底學者　理智與感情　理智文學　感情文學　情底純不純　倫理眼光與文學眼光

文學底範圍　中國文學底範圍，很是廣大的，在經史子集的四庫裏，倫理學，哲學，史學，文學固不必論，政治學，宗教學，經濟學，法律學，社會學，兵學，數學，醫學，農學，動植物學，以至於天文地理之學，一切莫不包容。所以中國文學，在數方面不但是無窮，卽量也是甚大的。因在時間的有四千餘年底歷史，與空間的有四百餘州底領土的中華帝國，原可說是當然的結果。

儒者以外底學者　若論中國底文化，以爲儒教以外無學術，儒者以外無學者，這是大謬。史記底太師公自序，儒家只列於六家之中，漢書底藝文志裏，却列儒家於諸子十家之中。隋書底經籍志，列儒家於諸子十四種之中。惟中國由來以儒教等「王者爲政」底根本。藉仁義之道，綱常之教，對於個人得以支配人心，對於社會得以維持世道，此在事實有歷史足以證明的。但秦始皇取法術，漢高祖取黃老，魏武帝取刑名，中華民國却取大同共和主義，此爲異數。論者在中國以爲儒教以外無學術，儒者以外無學者，這不是沒有理由的嗎？只在日本，古來有儒教無道教，有儒家而無道家。墨家，法家，名家，陰陽家。對於中國文學界，只有儒教倫理，而無諸子百家底哲學，政治學，宗教學，經濟學，法律學。這在日本學者，往往以儒教爲中國學術底總稱、以儒者爲中國學者底代名詞；因之若說起中國文學來，將直截地解釋——嚴格的教訓，窮屈的文學；換句話說，卽以仁義之道，綱常之教，大義名分的議論——作爲指歸。我爲了這，所以要大聲疾呼，辯其誤解。映於我們底眼的，中國文學，决不是所謂儒教倫理；又决不只是所謂諸子百家底哲學；却是認眞的流露人底感情，巧妙地寫出現實社會底眞相，却是包含着感情本位底東西。是我們底所謂中國文學，不單是格言的教訓文學，實是自由的感興文學。不是死灰般的冷靜文學，實是迸熱血，溢熱淚，生氣勃發的文學。不是槁木般的乾燥無味的文學，實是兼備萬丈的光焰與濃厚的色彩的最高至上底文學。所以我們的所謂中國文學，過去的且不去管牠，卽對於現在及將來，必將保持着偉大的價値與無限的壽命！

理智與感情　就中國文學底內容上，大別之爲二種：卽理智與感情。理智底內容，是說以善爲目的，將發見宇宙底眞理底。感情底內客，是說以美爲目的，將發露人情底眞誠底。前者欲求得人底理解；後者却希望惹起人底感興。哲學倫理學之類，皆屬理智，詩賦詞曲之類，概屬感情。若廣義的解釋文學底定義，那末不論哲學與倫理學，都當歸入文學範圍；若就狹義的解釋起來，那末除哲學和倫理學以外，詩賦詞曲之類，當獨佔文學底領域。

理智文學　理智文學，固然純屬理智，不許感情混合，把宇宙底萬象，籠罩於自己底研究圈內；而要闡明天地自然底大原則，那怪不得人間學者底研究，結局都將歸着於人類底本位。因他們平生所執底方針，對於時及場合，或與人間底政治道德，也許是沒相干的。可是他們最後的歸結，決不超越於人間以外，或直接的，或間接的，總不得不關聯於人間底生活。儒家底正心誠意，道家底無智無欲，都不止是個人底修養方法：禮記底曲禮，說明個人道德，儀禮底鄉飲酒禮，鄉射禮，是說明鄉黨之間所行底社會道德。何況儒家底仁義，法家底刑名，都以經綸國家為目的；墨家底兼愛非戰，却是提倡世界平和的呢。可知儒墨道德四家都是以當時的實社會為背景所發生底學術；同時不得不知中國文學底內容，除感情以外，尚有理智豐富的產物！

感情文學　感情文學，是指感情為文學底要素，字字有血，句句有淚之謂。顧感情是不學自得，不誨自生底東西；所以感情文學，與其說靠讀書學問底力量，寧可說是基因於常識的爲多。雖用字造句的方法，即發表意志的技巧，固有蒙於讀書學問底恩惠的。這就是俚諺童謠底文學價值，所以比有學殖的底智識者貴族文學大爲遜色底緣故。而詩歌底要素，感情重於理智，這更不待我們底辨明了。在松陰快談裏，說作詩之要：『第一性情，第二學問，』即把理智置之於第二位的。在滄浪詩話裏有說：『詩有別材，非關書也；詩有別趣，非關理也；詩者，吟詠情性也；』即是專指感情本位，而把讀書窮理居於第二義的。惟感情裏面，必有理智底潛勢力，固不容疑。所以李東陽麓堂詩話裏有說：『詩有別材，非關書也；詩有別趣，非關理也；然非讀書之多，明理之至者，則不能作。』

情底純不純　陶淵明愛菊，原由於感情；周敦頤愛蓮，也莫非由感情而出。但淵明底愛菊，因取菊底高潔，而全晚節於秋霜；敦頤底愛蓮，因取蓮底清新，出泥而不染泥；那末淵明愛菊底高潔，是爲自己人格底典型，敦頤愛蓮底清新，是爲自己理想底表徵。是佢們之愛，並非情底純，是用理智的去解釋自然的吧。李陵底送別，蘇武底留別，雖並自友愛上敍惜別底感情文學；但結末寓責善規戒之意，是使感情文學爲理智化了。古樂府底陌上桑，辛延年底羽林郎，俱無關於戀愛文學，乃全是尊重凜然的婦人不可奪底貞操，貞女不嫁二夫底儒教倫理。至傅玄底艷歌行，祖襲陌上桑，曾說：『天地正厥位，願君改其圖！』辭嚴義重，大有關於風教，若從文學眼光看來，却嫌其過於硬直了。

倫理眼光與文學眼光

毛詩底大序裏，『發乎情，止乎禮義；』二語，不但是變風變雅底標的，實爲三百篇作者底理想，爲漢以後底詩人，所永久地奉爲規準的『發乎情』一語，是說明詩歌底要素，在乎感情；『止乎禮義』一語，是說明在感情底裏面，有理智底潛勢力。且文學底定義，人之思想感情，藉文字而使之具體化，那末文學底要素，未必止是感情，思想底背後，還應認有理智底存在。要之：理智與感情，爲文學底二大要素。而哲學倫理學之類，雖爲純理智，不許感情底混合；

而詩賦詞曲之類，却以感情爲主要的原素，而以理智爲次要素呀。所以從倫理的眼光看來，雖奇激的議論，不如眞摯，窮愁的態度，不如和平，而從文學的眼光看來，却鬱勃之言，居於眞摯之右，激越之音，超於和平之上。這所以韓孟底奇崛，壓倒元白底坦夷，岑高底悲壯，凌駕於韋柳底冲淡呀。

第九章 理智與感情 二

學者與詩人　時代底觀察　體製上底類別　謠諺　賦騷　哀弔　詩餘　箴銘　頌贊與祝祭　連珠

學者與詩人　文學底內容，分理智與感情二種，已如上述。理智本位的學者，概不曉感情文學底眞價。感情本意的詩人，概不解理智文學底眞價。詩苟涉於理路，輒目之爲詩道底邪徑，這是詩人底通弊。反之，若看純感情的詩人之作，輒罵牠爲瓦釜的雷鳴，這是學者底通弊。如宋之楊簡駡李杜，說：『莫學唐人李杜癡，作詩須作古人詩；世傳李杜文章伯，問着關雎恐不知。』可以證明古來學究之無雅量坦懷了。同時可知理智與感情底眞價值，不能容易分軒輊的了。

時代底觀察 倘把理智文學與感情文學，從時代方面觀察起來；唐虞夏商，是概屬於帝王大臣底貴族文學，殆皆以儆誡與反省爲目的的理智文學。舜底股肱歌，皐陶底元首歌，湯底盤銘等皆是。周武王底席銘以下十七章，及虞人箴等，也屬這類。而在殷末周初伯夷底採薇歌，箕子底麥秀歌，是皆感情文學底濫觴。詩經三百篇，孔子之所謂眞情地出於「思無邪」，不得不歸之於感情文學。特十五國風底過半爲戀愛文學。但到了春秋以後，諸子百家勃興，理智文學却復興了。漢魏六朝底文學，情智並不俱盛，徒啓修辭偏重之弊。至唐爲感情文學底全盛時代，至宋爲理智文學底全盛時代，元明以後，或承宋底遺風，或奉唐底典型。淸底詩壇，有神韻，格調，性靈三派，大勢所趨，倘感情而過於理智的了。這就時代觀察底一班。

體製上底類別　試把理智與感情，從文底體製上觀察起來，散文概傾於理智，而韻文概傾於感情。又把從韻文底種類上觀察起來，不止是詩歌以感情爲主要素，理智爲副要素；即謠諺，賦騷，哀弔，及詩餘之類，也多由感情而發。但箴銘，頌贊，祝祭及連珠，却多由理智而生。

謠諺　謠諺，是發於民衆之口底短歌俗調。質樸之中，存辛辣底味；野鄙的裏面，具諷刺譎諫底特質。這是關於一種的天才，不用思索，不假學問，偶然而成，發於咄嗟底東西。言之無罪，聽之足戒，不獨國風爲然，謠諺亦然。所以古有採詩官，採天下底風謠；後有采訪使，採郡國底謠諺。因王者可以靠這察民意，靠這鑒民俗；靠這爲立政底方針。是謠諺在一方面雖可作理智文學觀，實則不過是由常識所發生底感情文學。

賦騷　賦騷，是並屬於理智及感情的。倘把荀卿底賦，作爲賦騷底始祖，那末他之賦，全爲議論，應屬於理智文學。倘把屈原底騷，作爲賦騷底宗，那末他底騷司馬遷所謂由怨而生的，不得不屬於憂愁幽思的感情文學。宋玉底風賦，是理智的，取荀卿底遺型。賈誼底鵩賦，爲感情的，襲屈原底餘韻。及至後晉，陸機以才華發文賦，潘岳以情藻作秋興賦了。雖然賦騷底本來面目，說牠屬理智，毋寧在感情，猶詩歌底要素，感情終比理智趨重些。

哀弔　哀弔，是悲悼死者弔唁死者底盛情文學，其形式雖有四言體與賦體二種，其目的是同以哀痛爲主，避議論趨敍事，爲純感情底產物。

詩餘　詩餘，一稱詞，又叫塡詞。其源發於五代，其流瀰漫北宋，橫溢南宋。這爲漢以後樂府之一變，其目的在高歌長吟，用於和管絃而合舞蹈的。玆稱「詩餘」，是取古詩餘流底意義。顧樂府興于漢，而風靡於魏晉，南北朝以後底樂府，却末必爲和管絃；所以有樂府之名，而無樂府之實。到唐時，絕句全盛，替代樂府，卽爲樂府之用；及宋時，詩餘全盛，復代絕句而占樂府底地位。淸底尤侗，嘗論詩餘，有說：『詩何以餘哉？小樓昨夜，哀江頭之餘也；水殿風來，淸平調之餘也；紅藕香殘，古別離之餘也；將軍白髮，從軍行之餘也；今宵酒醒，子夜懊儂之餘也；大江東去，鼓角橫吹之餘也；詩以餘亡，亦以餘存；』這足以明詩餘底源委。是詩餘爲古詩底餘流，可知和古詩同以感情爲主要素的了。

箴銘　但箴銘則不然。「箴」，爲規誡自己，又警告他人的，所以其性質原屬於理智方面。「銘」，一面雖稱述人的功德，一面亦警誡自己，以資日夕反省，其出發點在理智，是不容疑義的，在文心雕龍裏謂夏商底二箴，自誡呢？將警人呢？今所不可識別的；但載在左傳底虞人箴是由於欲警誡人的理智所發生，是無疑的。至於漢之崔瑗，唐底白居易，宋之李至等底座右銘，則都是以警誡自己而資日夕反省之用的。

頌贊與祝祭　就頌贊與祝祭說：頌贊是出於欽仰之意，祝祭却行於哀悼底場合。前者是樂觀，後者爲悲觀，雖俱發於感情，但其目的，皆在用以告神明，通篇用議論而不據事實，又多不訴於感情的。關於頌，如漢揚雄底趙充國頌，史岑底出師頌，蔡邕底胡廣黃瓊頌，晉陸機底漢高祖功臣三十一八頌，皆以議論爲主的；關於贊，如魏王粲底王考父贊，晉袁宏底三國名臣贊，夏侯湛底東方朔贊，皆爲畫贊而不據事實的；又如宋范曄底後漢書論贊，齊劉勰底文心雕龍論贊，是皆從理智而發的。關於祭文祝辭，陶潛底祭程氏妹文，韓愈底祭穆員外文，都可屬於感情文學；可是載在大戴禮底周底祭天辭及祭地辭，是不僅偏於理智；至越大夫種底祝越王辭，傾於議論，柳宗元底祭李中丞文，祭太常崔少卿文，歐陽修底祭程相公文等，却可全屬於理智的。

連珠　連珠，是以比喩闡明事理，未必以高歌長吟爲目的；却熟讀玩味，足資自己反省。所以其性質殆近於箴銘，屬於理智文學，這是不用說了。如晉傅玄底連珠序底論其體裁說：「辭麗而言約，不指說事情，必假喩以達其旨，而賢者微悟；」又在文體明辨裏說：「連珠者假物陳義，以通諷諭之詞也；」這皆可證明連珠是理智文學的。

第十章 主觀與客觀

敍情敍事及敍景 客觀寧說主觀 樂觀寧說悲觀 敍事詩與敍景詩 詠史與詠物

敍情敍事及敍景 詩人發表自己底性情，有兩種手段：曰主觀，曰客觀。主觀文學發露作者底個性的，叫做敍情詩。客觀文學，取詩材於歷史傳說中的，叫敍事詩，及觀賞天地自然底萬象的，叫敍景詩。敍情詩是以性情爲本位，務欲表現自己底眞情，所謂個人底敍述，自我底寫眞；至於敍事詩及敍景詩，以事物爲本位，不加何等的主觀，務欲描寫古今底事實，天地底物象，所謂是第三者底表白，把自我置之於讀者與事物之外，乃要映畫事物底眞相的。顧炎武底日知錄有說：『古人之詩，有詩而後有題；今人之詩，有題而後有詩；有詩而後有題者，其詩本乎情，有題而後有詩者，其詩本乎物。」即是指古人底詩爲主觀的，今人底詩爲客觀的。

客觀寧說主觀　試就主觀的詩而言，據文學底形式，有詩與文二類；就詩底內容，有智與情二種。文學中底花，不在文而在詩，詩中底花，不在智而在情。特別地中國文學底首途，雖是從理智出發的；可是中道邁進而履於感情底軌轍，遂排斥理智之詩，視爲詩道底邪徑。若稱爲詩，那末必限於敍情詩，生出這個傾向來了。所以敍情詩，可稱爲中國文學底英華，千古風雅底正宗。詩經以後，三千年來的詩人，灑熱血，揮熱淚而好文學，算做不朽的盛事。今尙發萬丈的光燄於四庫之內。所以我以爲中國文學底特色，在客觀寧說是主觀，可以斷言的。

樂觀寧說悲觀　敍情詩是中國文學底正宗主體。不但在數方面最多，量也最大。若更把其內容分起類來，性質上須產生幾多的區別。卽敍情詩底內容，有樂觀的，有悲觀的，有積極的，有消極的。樂觀的，是滿足現在的境遇，因而把希望，愉悅，愛慕，閑適之情，發爲詩歌文章；悲觀的，卻並不認前途還有光明，只把憂愁，悚懼，哀傷，苦悶之情，發表於文學楮墨之上。積極的，是進取的解決人間萬事；消極的却是退步的處理一切人事。而戀愛，享樂，遊俠諸類，概屬於樂觀的，積極的；征戍，憑弔，死亡，別離，貧窮，疾病諸種，當綜屬於悲觀的，消極的。

敍事詩與敍景詩　次就客觀的詩而言，中國由來敍事詩不少，比例之則尤以敍景詩爲多。因四百餘州底山河草木，多奔赴於詩人底手腕。載在文選上，有遊覽之作二十三首，行旅之作三十一首，哪一首不是敍景詩呢？其中如謝靈運之作，在遊覽詩中有九首，行旅詩中有十首，卽可徵他底技倆，何等的善於描寫山水美呢：至於敍事詩，當以爲焦仲卿妻作，（按卽孔雀東南飛；）及木蘭詩，算做「嚆矢」了。

詠史與詠物　顧在中國底詩人，凡詠史詠物之作，都係客觀詩。詠史是一種敍事詩，魏王粲爲始。但詠史多在事實以外加以感情，像載在文選底詠史十首，决不能算做客觀詩之純粹的。獨至詠物，概以天地自然爲對象，是映畫的敍景詩，漢蔡邕爲始。古樂府裏題名，有時景二十五。山水十三。草木二十一。鳥獸二十一的名目，都是詠物。何況在佩文齋詠物詩選裏，載詠物之作，凡一萬四千六百九十首之多，其物象：天，日，月，星以下達於四百八十六類呢。可知詠物之盛，到底非詠史所可及的了。

第十一章　悲觀與樂觀

七情說與六情說　樂觀美與悲觀美　悲觀詩底源流

七情說與六情說　敍情詩裏有悲觀與樂觀，積極與消極，已如前章所述。但人之情決不止悲與樂二者。有喜便有怒，有好便有惡，有憂愁，有悚懼，有怨恨，有苦悶，都一本乎情。禮記禮運篇裏主七情之說：「何謂人情？喜，怒，哀，懼，愛，惡，欲，七者不學而能；」白虎通裏則主六情之說，謂：「六情者何謂也？喜，怒，哀，樂，愛，惡，謂六情。」而禮記底曰喜曰愛曰欲，都屬於樂觀，禮記底怒，哀，懼，惡四情，白虎通底怒，哀，惡三情，及我之所謂憂愁，悚懼，怨恨，苦悶，都屬於悲觀的。

樂觀美與悲觀美　樂觀文學是自喜自樂自笑，同時且使人喜人樂人笑的。悲觀文學是自哀自怒自恨自泣，同時且使人哀人怒人恨人泣的。而樂觀文學，及於人底効力，不如悲觀文學之刺激人感動人底威力為最強烈而偉大。因淚比笑底感動力為強，悲劇比喜劇底刺激心為多，是同一軌轍。所以古來稱詩底傑作底，輓詩當比壽詩為多，貶謫之作常多於應制之作，與其說元旦詩毋甯說除夜詩，戀愛之作每敵不過失戀之作；同時被稱為詩之名家底，臺閣的詩人寧以江湖的詩人為多，太平的詩人，甯以奔走於兵馬倥傯之間的詩人爲多，醉靑樓之酒，枕美人之膝底紈袴公子，寧以怨天而訴窮苦，尤人而泣飢寒的薄命多痛才子爲多。歐陽修底梅聖俞詩集裏有說：「非詩之能窮人，殆窮者而後工；」是言窮苦底効果，能使詩人底技工巧李東陽底麓堂詩話裏有說：「作涼冷詩易，作炎熱詩難；作陰晦詩易，作晴霽詩難；貧詩易，富詩難；賤詩易，貴詩難；」這是說悲觀詩共鳴的人爲多，樂觀詩同情底人爲少。謝榛底四溟詩話裏有說：「歡喜之意有限，悲感之意無窮；」所謂愁苦甚則有感，歡喜多則無味，這是說樂觀的效果有限，而悲觀的力量無限底意思。所以我以爲中國文學底特色，在樂觀寧說是爲悲觀，可以斷言的。

悲觀詩底源流　中國文學，歌悲觀美的比詠樂觀美的爲多；如一繙唐以前底詩選，便可承認一般了。又留意於唐以後底詩集吧。唐代底詩人裏，由征戍，憑弔，別離，厭世等而來，凡歌人生底短促，以及人間的生活難底敍情詩很多。而溯其流探其源，則以漢魏以前爲濫觴。請看殷周之交，伯夷底採薇歌，爲厭世文學之祖；

箕子底麥秀歌，爲憑弔文學之祖。又請看漢魏之際，漢亡名氏底十五從軍征，這是敍戰爭底悲慘，而爲征戍文學之祖，魏曹植底白馬篇，重意氣輕生死，爲游俠文學之祖；漢宋子侯底董嬌嬈，歎人生底短促，爲哀傷文學之祖；古樂府底孤兒行及東門行，寫出人間的生活難，爲苦悶文學之祖；蘇武底留別妻詩，蘇白玉妻底盤中詩，及亡名氏之爲焦仲卿作，皆敍夫婦的情愛，爲戀愛文學之宗；班婕妤底怨歌行，甄皇后底塘上行，皆爲失戀文學之宗。而梁鴻底五噫歌，楊惲底拊缶詩，並私淑伯夷之採薇歌，宋鮑照底東武行，是胚胎於漢亡名氏底十五從軍征；且爲唐杜甫底兵車行，白居易底新豐折臂翁之所宗淑。晉張華底壯士篇，宋鮑照底結客少年場行，俱由曹植底白馬篇脫化而來，又爲唐王維底少年行，高適底邯鄲少年之脫化來源。其他漢武帝底秋風辭，陽示樂觀而陰爲悲觀；魏武帝底短歌行，表面雖爲消極的悲觀的，裏面却是積極的樂觀的。可謂同工異曲，能融和悲觀美與樂觀美底兩作用了。

第十二章　理智文學　一

感情的散文與理智的韻文　理中底情與情中底理　詩經底理智化　學術底競技與思想底混戰　孔老諸子　都自稱爲聖　貴族本位的文學

感情的散文與理智的韻文　中國文學以感情爲主要素之說，特就韻文而言；對散文則未必然。而散文以感情爲主的，猶如韻文以理智爲主的一般。諸葛亮底出師表，李密底陳情表，韓愈底祭十二郎文，歐陽修底瀧岡阡表，王守仁底瘞旅文，都是感情的散文；若漢樂府底君子行，折楊柳行，魏武帝底善哉行，曹植底鰕䱇篇，應璩底百一篇，都是理智的韻文。

理中底情與情中底理　理智的韻文，是由理智而成的；可是在發表的手段上，理智有利用感情的，這就叫做理中有情。感情的韻文，是由感情而成的；可是感情發表的裏面，必有理智底所在，這就叫做情中有理。漢韋孟底諷諫詩，韋玄成底戒子詩，酈炎底見志詩，仲長統底述志詩，晉張華底勵志詩，宋謝靈運底述祖德詩等，都是理中有情的；張華底游獵篇，盧照鄰底長安古意，駱賓王底帝京篇，劉庭芝底公子行，甫杜底北征，白居易底長恨歌等，都是情中有理的。是雖在感情本位的韻文，也決不可把理智置之度外，何況散文呢！

詩經底理智化　十三經中，除詩經外，都屬理智本位。獨詩經爲感情文學，這在毛詩大序裏所說明的。所以李東陽底麓堂詩話評詩經，也說了這樣的話：『詩在六經中，別是一教，蓋六藝中之樂也。』但大教育家孔子，把感情文學的三百篇理智化了，而作爲道德修養底教科書，常以詩書爲雅言，曾對門人說：『詩可以興，可以觀，可以羣，可以怨，邇之事父，遠之事君……』又說：『誦詩三百，授之以政不達，使於四方，不能專對，雖多亦奚以爲？』這以三百篇資個人的，家庭的，社會的，乃至國家的底道德修養，併可作爲官吏底行政及利用於外交上的便利。到了後世，如五通稱詩經曰：『上明三綱，下達五常，』程頤說：『學者不可以不看詩，看詩便使人長一格，』都是遵孔子底遺訓的。

學術底競技與思想底混戰　爲儒教底經典底十三經，原是理智本位的；卽老莊管墨申韓等底諸子百家，莫不皆然。顧春秋戰國爲中國學術底黃金時代，實支配秦漢以後二千年底世道人心，而爲幾多思想底發生期。善言之，學術底競技時代，惡言之，思想底混戰時代。所以一方在唱國家主義，一方却唱個人主義。一面主張軍國主義，一面主張非戰主義。或提倡正義人道說，或鼓吹革命平等無差別論，或唱道君主神祕主義，或絕叫勞働神聖主義；猶似現代底歐美學術思想界，殆陷入於混戰狀態。是現代底歐美思想界，眞可謂昔日底春秋戰國思想界底擴大寫眞呀！抑亦昔之春秋戰國底學術界，可謂今之歐美學術界底縮寫吧。

孔老諸子　孔子說仁，爲儒家底祖。而顏子，曾子，子思，孟子，實孔子底羽翼。所以首稱孔子為先聖，而把釋典行於大學之魏，在正始二年，稱顏子為先師，而配祀於孔子；至宋咸淳三年，始以顏子，曾子，子思，孟子為四賢，而配享於孔子了。老子主無為，為道家底祖。而莊子，文子，列子，庚桑子，實老子底羽翼。所以唐玄宗始置崇玄學，又行道學，稱老子為太上玄元皇帝，稱莊子為南華眞人，稱文子為通玄眞人，稱列子為冲虛眞人，稱庚桑子為洞虛眞人，尊四子書稱做眞經了。墨翟唱兼愛非戰，節用之說，為墨家底祖。而相黑子，相夫子，鄧陵子底三墨，為墨子活動底羽翼；禽滑釐，宋鈃，尹文，也是墨家底高足，俱宣傳非戰主義的。又申不害說術，商鞅說法，韓非說法術，是開法家底源流。其他陰陽家，名家，農家，縱橫家等，皆一時勃興，互相頡頏。

俱自稱為聖　春秋戰國，是諸子百家底本場。諸子都以經世為目的，而百家則各異其說。所以荀子底非十二子篇，莊子底天下篇，淮南子底要略，史記底太史公自序，漢書底藝文志，隋書底經籍志，都是從學說上類別諸子而加以評論的。荀子底非十二子篇裏，所非毀的：一它囂，魏牟，二陳仲，史鰌，三墨翟，宋鈃，四愼到，田駢，五惠施，鄧析，六子思，孟子。莊子底天下篇裏，墨翟，宋鈃，愼到，田駢，惠施以外，加禽滑釐，尹文，彭蒙，關尹，老聃，莊周六子。分爲：一墨翟，禽滑釐，二宋鈃，尹文，三彭蒙，田駢，愼到，四關尹，老聃，五莊周，六惠施，評其說爲一長一短。在呂氏春秋裏，對老聃，墨翟，關尹，田駢以外，尙評孔子，列子，楊朱，孫臏，王寥，良兒底學說。淮南子：孔墨以外，兼論管子，晏子，申子，商君底學術。要之，這些都是中國哲學史及思想史底提綱。又史記底太史公自序，分爲陰陽家，儒家，墨家，名家，法家，道家六家，漢書藝文志分爲十家，史記：六家以外，加縱橫家，雜家，農家，小說家。隋書底經籍志，分爲十三家，漢書，在十家中底陰陽家，名家除外，更加入兵家，天文家，曆數家，五行家，醫方家。若論就中影響於歷代底思想界及文學界底多少，那末當以儒家爲第一，道家爲第二，法家爲第三，墨家，陰陽家名家遙在其下了。至對於縱橫家，農家，小說家，兵家，天文家，曆數家，五行家，醫方家等，殆無文學上底價値。而佛教底東漸，影響於中國古來的學術思想很多，在學術界雖介乎儒道二教之間，在思想界，却與儒教對峙，隱然爲一敵體。

貴族本位的文學　顧中國底詩人，雖以感情爲主要素，中國文學，却由來爲貴族所專有，所以雖在原始時代發於民衆之口底感情文學，不被形於文字，而後世不傳，成於唐虞三代貴族之筆底理智文學，遂發揚偉彩於千載之後了。舜底股肱歌，皐陶底元首歌，原是君臣互相戒飭底理智文學；卽殷湯底盤銘，周武底盥盤銘，也是聖主用爲自己反省，晨夕儆戒底東西。那就可知中國文學，原不發源於感情，都是從理智方面出發的了。

第十三章　理智文學　二

理智感情底一消一長　學究底韻文　宙宇觀與道德觀　玩物喪志
道學臭味

理智感情底一消一長　在春秋戰國全盛的理智文學，到漢魏以後，方被勃興的感情文學所壓倒，而無昔日之勢；唐三百年，實爲感情文學底絕頂時代，但及宋，大勢一變，再回復到理智文學底全盛。所以在唐時有文學而無哲學，在宋時，却有文學，有哲學，有倫理學，不但駕臨於唐之上，且欲蔑視六朝，壓倒兩漢，遙遙地接踵於春秋戰國底全盛。宋史除儒林傳，文苑傳以外，特設道學傳，發揮異彩於二十四史，爲其他所未見比類的。試一讀周敦頤底太極圖說，通書，邵雍底皇極經世書，漁樵對問，張載底正蒙，西銘，可知宋儒在中國文學界怎樣的劃一新紀元了！同時可知宋底哲學，倫理學，在東洋底學術界上，發如何的光焰呀！

學究底韻文　又宋儒底學究底韻文，在文學上果占怎樣的地位呢？有怎樣的價値呢？就那一部濂洛風雅，便可卜知其程度了。所輯入濂洛風雅底作家，以周敦頤爲首，自邵雍，程頤，張載，楊時，游酢，呂大臨，謝良佐，以至於尹焞，胡安國，羅從彥，李侗，朱熹，張拭，呂祖謙，黃榦，何基，王栢，王佖等，凡四十八人。書中底內容，得分類爲：賦、銘、箴、誡、贊、吟、題辭，祭文，辭，樂府，五古，六古，五絕，五律，七絕，七律。

宇宙觀與道德觀　道學者底韻文，概爲理智的硬文學，在章句之中，所用經傳底成語，多可取作格言．也可作一種集句詩觀。特箴銘戒規之類，皆以戒己誡人爲目的，道學者底眞面目，躍然紙表。詩底古體，或近體，或明天地底綱紀，敘陰陽底消長，是哲學的宇宙觀；或說人道底要締，論人心底幾微，而爲倫理學的道德觀。這實是宋文學底特色。五古裏：朱熹底齊居感與二十首，五律裏邵雍底仙鄉，七律裏程顥底秋日偶成，邵雍底觀易吟，關於七絕的：張栻底聖心，呂大臨底送劉戶曹，胡宏底利欲，林之奇底和王龜齡不欺堂二首，徐僑底偶書二首，何基底雜詩二首之類，不是哲學底，便都是倫理學底。其他呂居仁底寄臨川學者四首，徐僑底竹門，虎邱謁和靖祠，何基底暮春感興，陳淳底和陳叔餘韻勉之等，都爲硬語而無色澤，殆可說是五言底箴銘。

玩物喪志　顧他們道學者底詩，槪太拙所以有生硬之嫌者，是他們底眼中，只有經學，不曾認爲文學底緣故。在程子遺書裏曾說：『或問作文害道。程子曰：害也。凡爲文不專意則不工，專意則志局於此，又安得與天地同其大也？書曰：「玩物喪志，」爲文亦玩物也。』程頤已以文學爲「玩物喪志」了。這是他平生多不作詩，卽作也不巧底所以。這不獨程頤爲然，凡道學者都犯這個病僻的。惟邵雍之詩圓熟，朱熹之作精妙，是道學者中所希見。鑒壤集，帶陶韋底餘韻。晦翁詩集殆得與蘇陸相頡頏。所以如李東陽底麓堂詩話裏，評朱熹之詩有說：『晦翁深於古詩，其效漢魏，至字字句句平仄高下，亦相依倣，命意託興，則得之三百篇者爲多；觀其所著詩傳，簡當精密，殆無遺憾，是可見已。感興之作，蓋以經史事理，播之吟詠，豈可以後世詩家者流例論哉？』也不是無故的了。

道學臭味　邵朱以外底道學者底詩歌，洒脫道學臭味的感情文學很少。在五古裏：呂居仁底出門見明月，七古裏，張載底憶別，五律裏：周敦頤底同宋復古游山巔至大林寺，七絕裏：程顥底春日偶成及題淮南寺，張載底登峴首阻雨四首，尹焞底過仲明逸故居之類是。何況邵雍底天津閑步，朱熹之水口行舟呢！又在五古裏：陳淳底友淸軒，眞德秀底送湯伯紀，五律裏：胡安國底春日書懷，五絕裏：王柏底野，都是理中有情的。何況邵雍底淸夜吟，生男吟呢！又五古裏：黃榦底答曾伯玉，七古裏：朱松底飲梅花下贈客，五律裏：曾幾底贈外孫呂祖謙，七絕裏：胡宏底讀朱元晦詩，都是情中有理的。何況朱熹底春日二首，觀書有感二首及題眞呢！

第十四章　感情文學　一

社會是一大劇場　愛底文學　親子之愛　君臣之愛　兄弟之愛　朋

友之愛　夫婦之愛　戀愛文學　其源遠　其流大　在戀愛裏面底儒教倫理

社會是一大劇場　人旣爲感情的動物，那末社會就是感情的一大劇場。其劇場有喜劇，有悲劇，而社會底各種階級，演各種底所作，或自喜，或自怒，或使人笑，或使人泣。凡世人，一面自爲演劇者，一面却爲觀劇者：詩人取這，形之於詩歌，文士取這，發表而爲戲曲小說，歷史家把這，敍之於正史雜史，藝術家把這而醇化於舞踏音樂。這都是人生底寫眞，爲人底感情發露的映畫。

愛底文學　大凡人底感情有喜必有怒，有哀必有懼，有愛必有惡。這爲人底始生到死，到底不可絕滅的。就中愛爲七情底中樞：親子之間爲恩愛，男女之間爲戀愛，兄弟之間爲友愛，朋友之間爲信愛，君臣之間爲忠愛。儒家以倫理的解釋這個：曰五倫，曰五典，曰五教，曰五達德；我們以文學的見地解釋這個，稱之曰五愛。而五愛發生底順次，以親子底恩愛爲最先。所以孩提之童，必有愛親底情；男女之愛，在男子二十而冠，女子十五而笄底前後發生；君臣之愛，發生於男子四十而仕以後的。若把親子之愛爲愛底起點，那末男女之愛爲愛底中心點，君臣之愛爲愛底終點了。所以五倫雖同由愛情而出，而愛底程度自有厚薄，愛底發生也各有先後。兄弟之愛比親子之愛薄弱，朋友底愛也比兄弟底愛後生。孟子說：「人少則慕父母，知好色則慕少艾，有妻子則慕妻子，仕則慕君，不得於君則熱中；」這是近乎洞穿人情底幾微，並能甄別愛底程度底厚薄，與發生底先後了。這個中國文學，由來被拘束於儒教底道德圈內，而戀愛文學之發生，失戀文學底發達，更因熱望富貴功名不能得底場合，遂產生苦悶文學，又因忌避衰老，疾病，死亡而不能脫底場合，便哀傷文學之所由產生了。戀愛文學是孟子底所謂從慕少艾慕妻子的情熱而起，失戀文學原是從戀愛而發生，一變而爲苦悶爲哀傷的了。所以失戀文學從最後的結果看起來，苦悶文學可以稱，又哀傷文學也可以稱；由當初的動機而言，原是所謂戀愛文學呀。而熱望富貴功名不能得的場合所產生底苦悶文學，所謂不得君而熱中的，實也可看做一種忠愛文學。

親子之愛　戀愛文學，是謂男女相思之愛自由地發表，且無忌憚的實行的熱情文學。但男女底愛，及至漸漸濃厚，漸漸熱烈，若不節之以禮，制之以義，那末熱情如燃，忽忽炎上，不可嚮邇，不能消滅，遂至傳播不少的弊害於社會底風教，安得把戀愛尊作神聖的呢？但父子，君臣，兄弟，朋友，底愛，雖即漸趨濃厚，德性一些也不至虧；雖即愈趨熱烈，道心也無所曲。所以戀愛文學有時雖與感情理智，相矛盾，相衝突，但是恩愛文學，忠愛文學，友愛文學，信愛文學等，常與理智感情相一致的。試就戀愛以外之愛，究其各各所作底來歷：親子之愛——五子之歌已亡底今日，在毛詩底邶風中凱風之詩裏有說：『母氏聖善，我無令人；』『有子七人，母氏勞苦；』在小雅中蓼莪之詩裏有說：『哀哀父母，生我劬勞；』『無父何怙，無母何恃？』『父兮生我，母兮鞠我；』這些可爲恩愛文學底始祖。凱風之詩，是思念母氏底勞苦，寫出躬自負責的孝子底眞情。所以說東漢底姜肱，感凱風底孝，與兄弟同被而寢，不自入房室，能事繼母而化其嚚。蓼莪之詩，是爲勞苦行役底孝子，悲歎不能承歡父母於膝下，以終其身於奉養底勞。所以孔子說：『於蓼莪見孝子之思養也；』嚴粲也說過：『讀此詩而不感動者，非人子也。』晉王裒因讀詩每至蓼莪底「哀哀父母，生我劬勞，」未嘗不三復而流涕，所以受業的都感動，爲廢蓼莪之篇。齊顧歡也讀詩至「哀哀父母，」輒執書痛泣，如同王裒。因親子之愛，出於天倫，此乃任何人生而知之，安然行之。所以只要境遇同一，其行爲也自然的歸於同一。這李密底陳情表，歐陽修底隴岡阡表，所以保持着無限的聲價於百世之後的呀。孔融底思子詩，王粲底思親詩，潘岳底思子詩，都是追慕親或子底亡後底，也可知他們底恩愛如何地熱烈的了。

君臣之愛　君臣之愛，是臣下報答君上底忠義，與君上同情臣下底忠愛相結合，然後產生出來的。尚書益稷謨裏載舜與臯陶唱和之作，實爲忠愛文學底始祖。毛詩小雅底天保詩，實可謂之正宗。其他在毛詩裏，如召南底甘棠，是美召伯，衞風底淇澳，是美衞武，鄭風底緇衣，是美鄭武公，豳風底破斧，伐柯，九罭，狼跋，是美周公，大雅底烝民，韓奕，江漢，常武，是美宣王，都足見君臣之愛底。但是這等都是處在順境的君臣之愛，比之於處在最痛切的逆境的君臣之愛，那末其詩當輸一籌了。因爲文學上，樂觀美終不能勝過悲觀美的。屈原底離騷，卽是發揮處在逆境的君臣之愛最痛切的作品。他在江南，顧楚國，慕懷王，如一篇之中，三注意於存君與國，實可說是忠愛文學底黃金白璧。顧君臣之愛與父子之愛，殊塗而同歸。君臣之愛以義成，父子之愛以仁成。前者底愛，學而知之，後者底愛，生而知之。在韓非子裏說：「臣盡死力以與君市，君垂爵祿以與臣市，君臣之際非父子之親，計數之所出也；」這是知一而不知二的。爲什麼呢？因韓非是主張慘礉少恩底法術主義，所以他不能理解君臣之愛，這是沒有什麼奇怪的。但他也知父子之愛出於天倫。論語說，「學優則仕，」孟子說，「仕則慕君；」這是指人一及仕，方自覺最痛切的君臣之愛了。諸葛孔明底出師表，可與日月爭光，並可與伊訓說命相表裏，因能發露君臣之情，誠忠惻怛，字字皆淚底緣故。若孔明不受玄德底三顧，是則終身爲臥龍蟄伏於草廬之中，怎能成這樣的大文章，得垂聲名於百世，而與日月爭光呢？且在後世，他底出師表，與李密底陳情表並稱；讀出師表不泣的，不是忠臣，讀李密底陳情表不泣的，非爲孝子，可知古今人情底所趨，同歸一轍，同時可知父子與君臣，卽令殊路，而人道底兩大綱——忠與孝——，必歸結於同一的了。

兄弟之愛　兄弟之愛，一度見之於毛詩小雅棠棣之詩，二度見之於蘇武骨肉緣枝葉之詩。前者叙兄弟翕合，相愛相和，而爲友愛文學底祖。後者從枝葉發之於幹，兄弟根之於本底理論，叙臨別而轉切底骨肉之情，可爲友愛文學底宗。在漢初所作底『一尺布，尙可縫，一斗粟，尙可舂，兄弟二人不相容』底歌，是說兄弟應愛而不愛，諷刺文帝與淮南王的。裏面是教訓兄弟相愛爲當然的天倫。所以文帝後來追尊淮南王爲厲王了。可是兄弟之愛，雖出於天倫，而有時不但鬩牆，敢發不祥之言；或說，『雖有兄弟，不如友生；』或且說兄弟是他人之始。曹植底七步詩，不就是從兄弟不和所發生出來底文學嗎？但是晉有陸機兄弟，唐有王維兄弟，都是能發揮友于之情的。何況像宋蘇軾兄弟，相親相愛，唱和次韻之作有很多的呢！人或以次韻爲詩人底大病，有才識如蘇軾，也可謂犯這病了。如王若虛底滹南詩話裏有說『東坡集中，次韻者幾三之一，雖窮極技巧，傾動一時，而害於天全多矣。使蘇公而無此，其去古人何遠哉？』但天才卓絕，開口成章的蘇軾，常同樣地看做詩爲游戲，所以他多次韻之作，是無足怪的。特別地兄弟唱和之作甚多，不拘執於物，以至所滿足，也可見他友愛是最渥厚的了。試一繙東坡集，他們兄弟唱和之作，自江上值雪次子由韻以下竟達一百八十餘首之多。這是古今人詩集裏所不多見的呀。

朋友之愛　朋友之愛，對於李陵與蘇武詩三首，蘇武與李陵詩二首，（即黃鵠一遠別及燭燭晨明月）雖無遺憾的發露，而在毛詩小雅底伐木章裏：『相彼鳥矣，猶求鳥聲；矧伊人矣，不求友生。』可爲信愛文學底濫觴。所以在伐木底詩序裏，有說：『伐木，燕朋友故舊也；自天子庶人，未有不須友以成者。親親以睦，友賢不棄，不遺故舊，則民德歸厚矣。』顧朋友之交，以義相合，並常切切然而責善的；是與兄弟之愛，出自天倫，常怡怡然的不同。前者之愛似君臣，後者之愛似親子。如李陵送蘇武說：『努力崇明德，皓首以為期；』蘇武也對李陵說：『願君崇令德，隨時愛景光！』可謂兩心一體，能責善而全情誼了。其後梁鴻也作思友詩，晉曹攄也作過思友人詩。皆詩之所謂求友聲者。因朋友底信愛，是氣質底相近，趣味底相同，學識經驗底不大差，自然地相締盟並互握手，與披豁胸襟而起；那末意氣投合，利可斷金，香如芝蘭，堅如膠漆，或者得超兄弟底愛以上。這不是『雖有兄弟，不如友生；』說由來底所以嗎？所以古來稱朋友之交，或叫「同袍，」或叫「莫逆，」或叫「忘年，」或叫「刎頸，」或說「倒屣，」或說「下榻，」或說「傾蓋，」這都是表示信愛底情厚的。關於古今底總集別集中，多贈答，唱和，送別，留別之作，都是信愛文學。杜甫底夢李白，高適底人日寄杜二拾遺之類，也都屬於這種文學呢。

要之，親子，君臣，兄弟，朋友四倫，雖都同一由愛情而出，但究不如男女戀愛之情最爲熾烈的呀。

夫婦之愛　戀愛文學，是敘從自然的性慾所發生底男女相思底愛情的。因男女之愛，不學而自發，不誨而自生，并不能抑遏，不能斷絕的。所以把夫婦有別，入於五倫之一。孟子裏說：『男子授受不親，禮也；』禮記曲禮裏說：『男女不雜坐，不同椸架；』在內則裏說：『禮始於謹夫婦，爲宮室，辨內外；男子居外，女子居內；』喪大記裏說：『男子不死於婦人之手，婦人不死於男子之手；』儒教國裏也說：『男女居室，人之大倫；』又說：『君子之道，造端夫婦；』而以內無怨女，外無曠夫，爲王道之始。想男女之間，表面有別，其別很嚴，其距離很遠，可是裏面很近，並無牆壁，不論何時，人目可相接近，可相握手而相歡合的。孟軻難道是誨淫的嗎？而在他書裏，有說：『鑽穴隙相窺，』『踰牆相從，』又說：『踰東家之牆，而摟處子，』都是看破男女底大欲，而欲矯正其弊的。因男女之愛與親子之愛，並不同系。後者爲血肉底傳統，而前者爲異性底好合。但二者無論哪個都是同一發於自然的性欲。唯親子之愛，自幼到老，始終不渝；男女之愛，却爲一時的勃發性。其進銳其退也速。其情一時的熾烈，可壓倒親子之愛的。荀子裏說，『妻子具而孝衰於親，』這是暴露人情底弱點，一面也道破男女之愛有殺親子之愛底威力的。

戀愛文學 孟子裏說，『食色，性也』禮記裏說：『飲食男女，人之大欲存焉；』都是把食慾與色慾同一看待，實能理解人底性情呀。已把食慾與色慾，看做人之性，看做人之大欲，那末在中國文學裏，多酒香與脂粉之氣爲不足怪了。如陳後主爲長夜之飲，使貴妃貴嬪唱和玉樓後庭花，隋煬帝游西苑，使宮女三千人歌湖上曲皆其甚者。但是醉於酒，未必即是酒狂，戀於色未必即是色魔。戀愛文學雖未必是神聖文學，而男女之愛是自然的，相思之情是必然的。在道德上既認爲人之大倫，在法律上也不禁止這個大欲。戀實爲人生之花，並在青春時期必有一度煥發的。在花雖無恆久性，但因花底色香，雖是一時的也能美化人生，決不可以戀愛爲社會底罪惡，除外於人生的。「玉杯無底」一語，不是譬喻不好色底嗎？總之只在利導戀愛？以便在將來獲取秋實的。試把中國歷代底詩壇達觀起來，在陳有玉台新詠，在唐有香奩集，都是濃厚地發洩脂粉之氣的。陶淵明作品，也多飲酒的詩。謝安出游必攜妓。李白底詩也多酒與婦人，這是事實。王安石嘗論李杜韓歐四家之詩，曾說歐陽修之作，居李白底上。因李白之詩，以酒與婦人供詩材的，居十之八九。這在不解酒味，淡於婦人的安石，乃當然的見解，不足怪的。所以捫蝨新語，老學庵筆記，及春渚紀聞等，都載這個事實。顧不慊於人生，在心底抱着隱憂底詩人，必假酒以妄愁，借妓以遣興。這在道學國的中國，發生戀愛文學，同時流行過百年最愉快的人生底享受文學底所以了。

其源遠　中國底戀愛文學，在帝舜時代塗山氏之女慕禹作歌而發端了。在今日塗山之歌已亡，毛詩國風，好色而不淫，實爲戀愛文學底始祖。國風之詩，樂而不淫，哀而不傷，關雎以下，雖達一百六十篇之多；其中男女室家，婚姻娶嫁之作，實占十之五六。這都是發於情而不自矯飾的民衆文學，而爲戀愛中最自由解放底產物。到漢武帝以後，天下有太平之象，文選古詩十九首中寫男女關係的不少。像明月何皎皎，冉冉生孤竹二詩，明明是寫戀愛的。明月何皎皎之詩，爲叙——思客游久不歸的夫——底婦人之情。明月皎皎的入寢照底帷時，不圖我適懷夫，憂愁之極，遂不能寐，起出戶外，復入牀內，寫出潸然的人不覺涕泣底情景。冉冉生孤竹之詩，是吟：結婚後夫婦離別，悠悠的山河相隔，空閨裏空待軒車底來迎己，蕙蘭過時，將與秋草而共萎。兩詩並爲閨怨文學，前者在玉台新詠裏，說是枚乘之作；後者在劉勰底文心雕龍裏，說是傅毅之作。又蘇武詩底四首中，結髮爲夫妻之作，在玉台新詠裏，題曰「留別妻詩。」蘇武奉使命赴匈奴時，叙囘顧過去相思之情，瞻望前途，悲再相見底困難，遂有「臨別戀孀婉，握手愛春華」了。其他司馬相如底琴歌，秦嘉底贈婦詩，徐淑底答秦嘉詩，蘇伯玉妻底盤中詩，亡名氏之爲焦仲卿妻作，都是最濃厚色彩的戀愛文學。

其流大，司馬相如底琴歌二首，爲輕薄詩人底誨淫文學，他以欺詐誘拐卓文君，教唆：在夜中攜手俱作高飛，交頸而爲鴛鴦，并爲同棲的鳳凰。這是暴露詩人底醜態，尤有害於風教的。秦嘉底贈婦詩，及徐淑底答秦嘉詩，敘纏綿的相思之情，夫在空房，致展轉之思，婦在病牀，敘反側之情，這是最善描寫生別及死別而悲痛運命底作品。盤中詩是吏人底婦，傷會夫之稀，出門而望，入門而泣，出巳有日，還而無期，憂慮夫底身上并歎己身底薄命的。爲焦仲卿妻作一詩，通篇三百五十七句，一千七百八十五字，實爲中國韻文中古今第一長篇。很善的寫出夫婦底愛情，宛然如睹，不但是妙味横生，爲畫所不及，劇所不如；夫底母底強欲非人道態度，婦之兄底橫暴，并不辨恩義性質，與發揮郡令縣令底官僚式，和強制的逼婚舉動，委曲反復，敘來敘去，極入精微，能使各人底風采面目，髣髴都在眼前。其他漢張衡底同聲歌，魏徐幹底情詩，室思繁欽底定情詩，晉張華底情詩，陸機底爲顧彥先贈婦二首，爲周夫人贈車騎，陸雲底爲顧彥先贈婦往返四首，潘岳底內顧詩，嵇含底伉儷，楊方底合歡詩，竇滔妻蘇氏底璇璣圖詩，梁范雲底閨思，劉孝儀底閨怨，徐悱底贈內，徐悱妻劉氏底答外，陳陰鏗底秋閨怨等，都是錚錚的戀愛文學。何況歷代底詩人，以子夜歌，子夜四時歌，艷歌行，自君之出矣爲好題目底作品呢。而漢卓文君底白頭吟，班婕妤底怨歌行，魏甄皇后底塘上行，劉勳妻王氏底雜詩二首，梁劉孝綽底班婕妤怨，陳陰鏗底班婕妤怨，唐王昌齡底長信宮，西宮秋怨等，却都是失戀文學。

在戀愛裏面底儒教倫理　要之：中國底詩人，莫不以男女底戀愛，爲人底本能，理解這是由自然性欲而出的。但也決不尊重戀愛以爲神聖的。佢們戀愛文學底裏面，必有儒教倫理的大威力，嚴格的監視着。那末「發乎情，止乎禮義」一語，不獨是三百篇作者底理想，也可說是中國四千年底文學標準了。

文學上底表裏　享樂文學　反撥性的享樂　三上戶　陰性的享樂
陽性的享樂　游俠文學　游俠與司馬遷　俠底解釋　俠底行動　魏
晉以後底游俠文學　征戍文學　非戰文學　征戍文學之祖　積極的
與消極的　木蘭詩與唐詩

文學上底表裏　物有表裏二面，文學亦然。物有陰陽二性，文學也有陰陽二性。人事有悲觀樂觀之別，文學也是如此。人事有積極消極之分，文學莫不如是。一陰一陽，天地之道。禍福相互縈繞，喜憂雜聚於門，這是人生之常。所以如前述底男女戀愛，表面上固可屬於樂觀，裏面却大大的藏着悲觀，戀者，不誠是尤物嗎？現在將敍底享樂，游俠，征戍三種，表面雖爲陽性，裏面却有陰性，表面雖爲樂觀，裏面却有悲觀，表面雖爲積極，裏面却有消極底東西。人間萬事，何矛盾之多呀！而其矛盾之中，另有一種興趣，也不可不知。由來中國人，是好形式重體面的民族。所以在交際上，不問國際與私交，赤裸裸地發揮天眞，是他們所忌避而不爲的。這是無論哪一國，與文化的進步相伴着，莫不有多少的傾向。何況重體面的中國人呢。中國人很巧妙地使辨別表裏二面，是不獨社交爲然，對於文學亦然。所以中國底文學上，看文字意義除表面的看過以外，裏面還含蓄着別種的意味，這不是司空圖所說底『不著一字，盡得風流；』底祕訣嗎？是所謂含蓄，也能巧妙地使辨別表裏底二面，不過將使句中有餘味，篇中有餘意底一種技工呀！

享樂文學　享樂文學，是爲一種刹那主義，與戀愛文學並行；分擔孟子底所謂「食色之性」，及禮記底所謂「飲食男女底大欲」。享樂底本質有三種：陰性陽性及反撥性。陰性是指在享樂底裏面，有悲觀底存在。陽性是指有樂觀無悲觀，飲食無節，流連放縱，貪快一時，而不求名譽於千載的。因陰性享樂，是悲觀之極，別求針路，自行開拓，自行慰安，詩人底享樂，大概出於這種刹那主義。像李白底將飲酒裏說：『一飲三百杯，唯願長醉不願醒，』在行路難裏說：『且樂生前一杯酒，何須身後千載名？」蘇軾底薄薄酒裏說：「生前富貴，死後文章，百年瞬息萬世忙，夷齊盜跖俱亡羊，不如一醉是非憂樂都兩忘。」都是表面爲陽性，實則爲陰性的。陽性享樂，是指不知憂慮底王公貴族，拋却一切人事，心醉於富貴榮華底快樂，並不顧慮於國家百年底長計的。像陳後主，隋煬帝，唐玄宗，宋徽宗都是。李嶠嘗作汾陰行，諷玄宗富貴榮華之享樂爲無持久性，玄宗讀了，曾稱嶠爲才子。這是陰性的詩人，能感動陽性的天子底故事。是詩人底享樂，爲欲免人生之苦，脫行路底難，姑貪一時之快於膏粱之味的。至貴族底享樂，只在憧憬於物質欲：極驕奢，盡榮華，以充其耳目與口腹之欲的。

反撥性的享樂 但是到了反撥性的享樂，似陰性而非陰，似陽性而非陽，從動機說起來，雖近於陰性，從成績看起來，却屬於陽性的。因激於時代底風潮，爲矯正社會底缺陷起見，慨然的自行奮起，親自折衝，以打破形式，撤廢階級，所以其平生所自持的奇矯的態度，破壞的手段，過激的言論，不止是得寒世間僞善家底心胆，也足以革新積年的宿弊。這反撥性，雖似可兩屬於陰陽二性的中間性，但其所由而起底原因亦不同。爲什麼呢？因陰性及陽性，皆發生於自己本位，反撥性却發生於社會本位。所以反撥性帶有多少的危險性，非無攪亂社會底秩序階級底事情。阮籍，嵇康，劉伶之徒皆是。想「竹林七賢」底豪放而不可覊束的態度，當爲反抗曾在漢代所取的儒教主義底禮法。這猶如欲反抗基督教底形式底末弊，歐洲思想界發生了享樂主義一般。

三上戶　要之：陰性常泣，陽性常笑，反撥性常怒。俗稱有酒癖的爲：泣「上戶」，（日本人稱飲酒家爲「上戶」）笑「上戶」怒「上戶」。陰性享樂是泣派的上戶，陽性享樂是笑派的上戶，反撥性享樂幾近於怒派的上戶。

陰性的享樂　試把享樂文學舉些例出來：那末古詩十九首中底東城高且長，驅車上東門，生平不滿百，靑靑陵上栢四首，都是悲觀人生如朝露，與死後底名譽比較，寧渴仰於生前底酒的。嘲貪財惜費爲愚者之業，服藥求神仙爲無益之事，常絕叫芳醇的酒，膏粱的食，取快於一時，苦晝短則秉燭夜游，這就是詩人底陰性享樂。顧東城高且長一首，在玉台新詠裏說是枚乘之作，那末漢初已發現刹那主義了。驅車上東門以下三首，都是後漢時代作品，那就可說享樂思想起於前漢而盛於後漢的吧。在那些詩裏面有說：『驅車上東門』，『游戲宛與洛，』是這詩足證明爲後漢之作。因上東門是洛陽城門底名，後漢時底稱呼。宛爲南陽，後漢時稱洛陽爲「東都」，相對的便把宛叫做「南都」了。若貴族的陽性享樂，當以古樂府底相逢行，長安有狹斜行，雞鳴曲，西門行爲首，魏陳思王底箜篌行，陳張正見底置酒高殿上，江總底置酒高殿上，及今日樂相樂等皆是。這些詩都不是詩人底自道，應知這是客觀的描寫富貴榮華底快樂的。

陽性的享樂　相逢行與長安有狹斜行，原是同一範型，其體製是描寫富貴家庭底兄弟三人光耀榮華的狀態。所以相逢行爲漢古樂府之首，遞至宋荀昶，梁昭明太子，沈約，張率，隋李德林諸作，都取同一的形式，徒嫌其架屋於屋下；長安有狹斜行，也爲漢古樂府之首，遞至梁簡文帝，庾肩吾，徐防，王冏諸作，皆爲同一，乃憾其施床於床上。而魏文帝底艶歌何嘗行中，敍長兄，中兄，小弟底得意享樂，不如唐岑參底韋員外家花樓歌裏，敍兄弟三人皆富貴，在花下會客舉玉缸之狀，都是相逢行的。鷄鳴曲也是發表享樂主義的，而字句也多剽竊於相逢行。且文意不貫徹，殆呈支離滅裂之觀，是得疑爲魏晉時代湊合古人底成句，而爲一篇樂府的。西門行也是享樂主義，中段底「人生不滿百」以下十二句，是文選底古詩十九首中底字句，也疑爲魏晉底詩人，採漢詩而爲樂府的。

游俠文學　游俠文學是敍——舍生取義，急於人不爲己，單身提劍入虎穴，視生命輕於鴻毛，不顧父母底恩，不念妻子底愛，常欲爲國士而酬知己；不覓封侯，不羨官位，一諾堅於金鉄，視死如歸，不厭生邊庭之苦，死願留俠骨之香，——少年壯士底意氣，態度的。樂府底游俠篇（張華，陳良，）壯士篇（張華，）白馬篇（曹植，鮑照，沈約，徐悱，孔稚珪，隋煬帝，王胄，（俠客篇（王筠，）結客少年場行（鮑照，吳均，劉孝威，孔紹安，庾信）公子行（劉庭芝，）少年行（王維，張籍，崔國輔，）少年子（李白，）俠客行，（李白，元稹，）壯士吟（孟遲，）邯鄲少年行（高適，）等都是。

游俠與司馬遷　「俠」字不見於六經，也不見於諸子及老莊孟荀，論語裏「狂者」中庸說「北方之強」，其態度頗近於「俠」，孔子子思都不曾說過「俠」。及到韓子，把「儒」與「俠」列於五蠹之中，以為「儒」以文亂法，「俠」以武犯禁。是「俠」底一句，為孟荀以後所造，荊軻底易水歌，實游俠文學底鼻祖。特易水歌是一種俠者自身悲憤慷慨捐軀赴國難心情底告白，與後世底詩人損寫客觀的游俠態度相異。到漢司馬遷有俠氣了。嘗自進辨護李陵之罪，反自受罪，於是他底熱血迸裂，熱淚溢出，意氣激昂，怨天尤人，憤世道人心底不足恃，乃極端的禮讚有犧牲精神取進取行動的俠者態度。對於游俠傳中底朱家，田仲，郭解，刺客傳中底豫讓，聶政，荊軻寄多大的同情。尤其對於孟嘗，春申，平原，信陵四君，居富貴底地位，義俠的招集天下底賢者，而顯名於諸侯，更致傾葵之情。所以一繙史記，一讀他文，不但心醉其妙，不敢咎俠者底過激，翻至欽仰過激的行動，而要三呼痛快了。這不是班固進而誹司馬遷爲奸雄底所以嗎？

俠底解釋　想司馬遷底所以同情於游俠，因由他自身底遭遇上，憤當時的天下無一人義俠心的吧。孔子不得中行的場合，希求狂者，狷者；司馬遷也因世無仁人義士——即殺身成仁，舍生取義——底場合，其次乃歡迎游俠，欲一掃末世的頹風薄俗。所以在游俠傳裏，他論俠底行動有說：『其行雖不軌於正義，然其言必信，其行必果，已諾必誠，不愛其軀，赴士之阸困，既已存亡死生矣；而不矜其能，羞伐其德，蓋亦有足多者焉。這是能看破俠底一短一長了。且他把「儒」與「俠」並稱；以爲儒既有閭巷之儒，那末俠即有鄉曲之俠，儒既有宰相卿大夫之儒，俠也有士卿相之俠，把「儒」「俠」善意地解釋，與韓非把「儒」「俠」列於五蠹之中的，不可同日而語。這在漢以後推獎游俠的。全因司馬遷同情義俠其人，同時因史記的文章精彩，游俠傳及刺客傳中底人物，弈弈如生，足以鼓舞百世士氣底緣故。如晉張華底游俠篇，敘孟嘗，信陵，平原，春申四君底游俠態度，又如陶淵明同情於荆軻，作詠荆軻一篇，說：『其人雖已沒，千載有餘情，』都是心醉於史記底文章的。

俠底行動　但是俠底行動，决不是君子時中之道，所以後漢荀悅說「游俠德之賊，」而唐顏師古註漢書季布傳中底「俠」字，却說『以權力夾輔人』之義。因俠底奇激，往往爲道德上並法律上底罪人，可是得爲廓清混濁社會，鼓舞天下士氣底一種刺激劑，却不待言了。

魏晉以後底游俠文學　魏晉以後底詩人，多鼓吹游俠。曹植，鮑照，孔稚珪，沈約，徐悱，隋煬帝，王肓等有白馬篇之作，其中當推曹植爲巨擘。如鮑照，孔稚珪，沈約，徐悱，則在伯仲之間。鮑照，吳均，劉孝威，庾信，孔紹安等有結客少年塲行之作，以鮑照與劉孝威爲上乘。如吳均，孔紹安則瞠乎其後。其他張華底壯士篇，鮑照底出自薊北門行，王維底少年行，高適底邯鄲少年行，王昌齡底城傍曲之類，都能寫出游俠兒底意氣的。

征戍文學　征戍文學，是在兵馬倥偬之際所發生的邊塞文學，或由積極的樂觀鼓吹征戰主義，或由消極的悲觀宣傳非戰主義。積極的征戍，概以貴族爲本位，因干戈而使滿足自己底功名心；消極的征戍，是以平民爲本位，寫出從戰爭而生社會底悲劇。例如王昌齡底閨怨裏說：

閨中少婦不知愁，　春日凝妝上翠樓；　忽見陌頭楊柳色，　悔教夫壻覓封侯。

就是一種非戰文學。審察少婦底心理狀態，其動機是積極的且爲樂觀的；可是結果歸於消極的並悲觀的。因當初之志，是在由征戰而覓封侯，可是今日悔悟起來，却覺着征戍之悲與別離之哀了。

非戰文學　試就非戰文學而論，唐詩中：

葡萄美酒夜光杯，欲飲琵琶馬上催。醉臥沙塲君莫笑，古來征戰幾人回？（王翰，涼州詞，）

青海長雲暗雪山，孤城遙望玉門關。黃沙百戰穿金甲，不破樓蘭終不還。（王昌齡，從軍行，）

黃河遠上白雲間，一片孤城萬仞山。羌笛何須怨楊柳？春風不度玉門關。（王之渙，涼洲詞，）

右詩三首，都是發表非戰主義的。言極雄壯，而意極悲痛。及中王翰底涼州詞，是敘：夜光杯盛着葡萄美酒，在馬上以琵琶相催，及至醉臥沙塲猶欲痛飲—底壯士情景。表面是如何的耽於享樂；但其裏面，決不如是。却看古來征戰之士，塞外窮鬼，化做白骨，——是敘永久不得歸故鄉底悲慘的。在王昌齡底從軍行說：『黃沙百戰穿金甲，不破樓蘭終不還，』雖敵愾之心，猶如金鉄，但破樓蘭，到底爲不可能的事，於是乃歎：何時消戰場之露？無機會得復還家鄉的呀。王之渙底涼州詞，也是同工異曲，詞很婉轉，意最深刻。爲什麼呢？因玉門關外，不到春光，春色斷了，乃敘：一片孤城，空懷妻子憂別離苦之情。李攀龍嘗稱王昌齡底從軍行三首中底「秦時明月漢時關」爲唐人七言絕句第一。王世懋選王翰底葡萄美酒與王之渙底黃河遠上的二詩之一，爲唐七言絕句第一。可知二詩文學價值底多大的了。尤其是王世貞把陳陶底隴西行，比之王翰底涼州詞，有說：『可憐無定河邊骨，猶是深閨夢裏人，用意之妙至此，可謂絕唱矣。惜爲前二句所累，筋骨畢露，令人厭憎！葡萄美酒一絕，便是無瑕之璧，盛唐地位，不幾乃爾；』把詩人王翰底地位，與其技巧底卓越，眞寫足了。陳陶底隴西行，即是：

誓掃匈奴不顧身，　五千貂錦喪胡塵；　可憐無定河邊骨，　猶是深閨夢裏人！

也是非戰文學。其他杜甫底兵車行，借漢武帝諷刺時事。悲：玄宗屢用兵吐蕃，國力凋弊，民不聊生，且安祿山，史思明底挑撥作亂，起首敘那孃及妻子送征夫，惜別而哭，哭聲直上干雲霄的光景；結尾寫曝白骨於靑海之邊，永久不葬，新鬼舊鬼啾啾的號哭於天陰雨濕之裏的光景。在中腹裏爲社會問題，爲倫理問題，並叙征戰底悲慘。詞意沈鬱，音節悲壯。又白居易底新豐折臂翁，本之於杜甫底兵車行，借老翁之口，說出窮兵黷武的禍患。叙：折臂以來六十年，風雨陰寒之夜，感痛而不得眠，但尙愈於出征雲南，身死瀘水之上不得骨葬，徒爲望鄉之鬼，呦呦的哭於萬人冢上。也是一篇詩史，並爲深刻的非戰文學。蘇軾底諫用兵書裏說：『在戰勝之後，陛下的所得知的，不過凱旋，捷奏，拜表，稱賀，』這是說明貴族樂觀於征戰底所以了。又說『遠方之民，肝腦塗於白刃，筋骨絕於餽餉，流連破產，鬻賣男女，薰眼折臂，到於自經之狀，陛下必不得見，慈父，孝子，孤臣，寡婦底哭聲，陛下必不得聞；』這是說明民衆悲觀於征戰底所以了。

征戍文學底鼻祖　試溯唐代以前，審察征戍文學底源流，尙書底甘誓，湯誓，牧誓，費誓，秦誓，五誓，在王者出征之際，對於臣下宣誓，發表自己底目的，文詞最爲簡勁。可稱征戍文學底鼻祖。自漢以後，積極的樂觀的頌讚武德很盛，於是發生了征戰文學；而消極的悲觀的鼓吹非戰主義，同時也興起了。因積極的征戰文學，乃是歷代的英主，或其輔翼之所作，概可稱爲貴族文學；而消極的非戰文學，是征戍之士，苦於邊庭，懷念家鄉，描出咽淚的人生底悲劇，概可謂平民文學。

積極的與消極的 漢以後積極的征戰文學：在漢時有鼓吹鐃歌十八曲，魏時有繆襲底鼓吹曲十二首，在吳時有韋昭底鼓吹曲十二曲，晉時有傅玄底鼓吹曲二十二首，及張華底凱歌二首，宋時有何承天底鼓吹鐃歌十五首，都不但是爲美武功贊武德的軍樂，像王粲底從軍行五首，竟稱曹操爲聖君，叫魏師爲神武之師，敍連舫萬艘，帶甲千萬人，頌其振赫赫的天威而告大成功的了，——都是。其他梁底吳均，蕭子顯，劉孝儀，戴暠，陳底張正見，北周底王褒，隋底盧思道，明餘慶底從軍行，宋鮑照及北周庾信底出自荊北門行，梁劉峻，隋楊素，薛道衡，虞世基底出塞，梁吳均底戰城南，北齊祖珽底從北征，隋煬帝底飲馬長城窟行等，都是敘爲帝王的經國大業，或爲臣下的報國盡忠的積極的征戰文學。但如漢古詩底十五從軍征，不用說了；漢蔡邕，魏陳琳，晉傅玄，陸機，梁昭明太子，陳後主，北周王褒等底飲馬長城窟行：是敘戍卒底苦難與思婦底閨怨；魏左延年，晉陸機，宋顏延之，梁簡文帝，沈約底從軍行：是敘高山深谷，櫛風沐雨，朝餐不脫胄，及夜寢負戈遠征之苦的；至如鮑照底東武吟，却寫出『少壯辭家去，窮老還入門，昔如韝上鷹，今似檻中猿，』底悲劇，都眞不是消極的非戰文學。其他陳徐陵，陸瓊，江總底關山月，徐陵底出自薊北門行，張正見底度關山等，也是敘戰爭底慘狀的。

木蘭詩與唐詩　又木蘭詩，是敘妙齡女子扮男裝代父出征底始末，其裏面乃是諷刺好戰，徒耀武威於塞外底英主。在詩記裏雖稱爲梁時詩人所作，但恐爲隋唐時代底作品吧。降至唐朝劉長卿底從軍行六首，劉希夷及張籍底將軍行，郎士元及王季友底塞下曲，戎昱底塞上曲，劉灣底出塞曲，張籍底關山月，王翰底古長城行，元稹底古築城曲五首，陸龜蒙底築城詞二首等，也都莫不是征戍文學。

第十六章　感情文學　三

人生觀　三教底生老病死觀　死底文學　臨終詩與絕命詩　悼亡詩　薤露歌與蒿里曲　挽歌　短歌行與長歌行　七哀詩　貧底文學　詩人對於貧底態度別離文學　老底苦　病底苦　病底文學

人生觀　好生惡死，爲人情之常。可是生者必滅，乃是天地底原則。希富厭貧，爲人情之常。可是富貴在天，不能以人力致之。悲別離喜會合，爲人情之常。可是有會必有離，是人生底常態。樂少壯，歎老病，也爲人情之常。可是紅顏無永久性，昨之美少年，忽化爲半死的白頭翁，而變做人生底悲劇了。左傳有說：『老將至而耄及之；』是歎人生底短促沒有餘裕，可爲悲觀的。所以不獨漢武有『少壯幾時兮奈老何！』之歎，而阮籍猶不免有『朝爲美少年，夕暮成醜老；』底感懷。何況當死亡，貧苦，別離底境遇呀！禮記曾說：『死亡貧苦，人之大惡存焉。』想古來詩人底人生觀多悲觀而少樂觀，死亡貧苦不但是人底大惡，即別離老病，也爲人間之所忌避的。

三教底生老病死觀　佛家是以「寂滅爲樂」做主義的。但他們悲觀現世，把生老病死，當做人生底四苦，又在四苦內加上別離，怨憎，求不得，陰盛稱做八苦。如北周底僧某底五苦詩（生苦，老苦，病苦，死苦，別離苦，）即因寂滅主義，把現實界理想化了。道家以「虛無恬淡」爲理想。而他們底思想，有厭生希死底傾向，這是出於矯激之心的吧。莊子裏說：『大塊載我以形，勞我以生，佚我以老，息我以死；』宣傳他們底理想爲「生是寄，死是歸。」賈誼底鵩賦裏說：『其生兮若浮，其死兮若休；』由虛無主義，把人生底悲觀而爲樂觀化了。但是儒家利用人情，——好生惡死，——以生死區別吉凶，使樂觀盡於人底生前百年，而悲觀歸於人底死亡喪葬。像陸機底百年歌十首，從十歲到六十歲六首，叙生底活動與快樂；七十歲以後四首，叙目不明，耳不聰，膂力減，精神耄，對鏡而不欲面，對酒而不欲飲——底衰老情態。全是從儒家底教義，把生看做積極的樂觀，把老病死，爲消極的悲觀。

死底文學　死亡是人生最痛苦的。倘能解脫死苦於人間，百年的人生，便可凡事樂觀化了。可是這個解脫，在事實上頗感困難，所以只臨終詩，絕命詩，悼亡詩，薤露詩，蒿里曲，挽歌，短歌行，長歌行，七哀詩等，底死底文學在西漢以後，乃多數地發生了。莊子裏有「大塊息我以死」，這是希生甯死底意思，儒家決沒有的。如尙書底洪範論五福：「以壽置第一；」論六極：「以凶短折居第一；」好生惡死，悲夭悅壽，率由人情。且多數死底文學，所發表的種類性質，及目的雖異，而哀傷苦悶之情則相同。例如臨終詩，絕命詩，並是作者自己死時底所作；悼亡詩，是悼人死塲合底所作；薤露歌，蒿里曲，及挽歌，是用於送人死底時候；短歌行，長歌行，一般地是感傷人底壽命底短促。

臨終詩與絕命詩　臨終詩及絕命詩，是並叙無罪受刑，死於非命的苦悶：如晉底息夫躬，孔融，晉底歐陽建，符朗，宋底謝靈運，范曄，北魏底孝莊帝，中山王熙都是。但宋底吳邁遠，齊底顧歡，隋底釋靈裕，釋智命底臨終詩，是能超脫名利之外，瞑目於安心立命之內的。所以雖是同一「臨終詩」底題目，有激於感情，或趨於理智，或怨天尤人，或脫離生之苦，或澈底的解脫生死——底不同。究其態度雖不一樣，但可卜知他們平素是怎樣的好生惡死的呀。

悼亡詩　悼亡詩是爲追悼妻子，朋友以及親故之死而作的。潘岳底悼亡詩三首，及江淹之悼室八十首，並是追慕亡妻；沈約底懷舊詩九首，是追懷亡友；孔融底雜詩，即「遠送新行客」，乃是追悼亡子。死是人生底慘事。尤其是妻子亡時，悄悄的在孤𡨟裏，追懷亡人而起詠歎之情，是由於人底自然底所發。但是莊周妻死時，方箕踞鼓盆而歌。這乃戾於人情，逸於常道，而銜奇矯之行了。所以他曾自己告白，有『其始死也，我何能無慨然？』之語。老聃死時，老者哭之，如哭其子，少者哭之，如喪其母，悼亡哭死，雖老子之徒，也不能免，況常人嗎？

薤露歌與蒿里曲　薤露歌及蒿里曲，並爲送死底哀歌。以田橫自殺時，橫底門人傷他而作，爲「嚆矢」。薤露是比人壽如薤上之露底易乾；蒿里，是說人底魂魄底聚斂之所，無賢愚，都遭鬼伯底催促，命數盡了而不能復存。二篇本爲一章，武帝時李延年分爲二曲：以「薤露」送王公貴人，以「蒿里」送士大夫庶人，挽柩而歌。薤露蒿里，原是對人生底悲觀文學，武帝時却一變而爲葬時底挽歌了。但後世底薤露行及蒿里行，却未必爲然。曹操底薤露行，敘：漢季天下亂離之象，寫賊臣執國柄，顛覆帝室，燔喪宗廟底狀況；又如在蒿里行，敘：關東義士，興兵討羣凶，天下之亂不止，鎧甲生蟣蝨，白骨曝原野，千里茫茫，不聞鷄犬之聲底慘狀。是他底薤露蒿里，多敘士卒戰亂之死亡，並不爲致送死者底意思。何況在曹植底薤露行裏有說：『人居一世間，忽若風吹塵。』雖是傷人生底短促；但欲立功於百世，致力於明君，以孔氏刪詩書爲自己底理想，不是想流文藻垂芳華的嗎？且又如晉張駿底薤露行，爲敘：『主暗無良臣，皇道不得明，典型之已喪，宗社之將傾，』是寄寓着無限感慨；這不在於欲掃蕩姦猾底覬覦和哲婦底幽虐嗎：

挽歌　挽歌是送死者塋葬之際，挽柩而歌的哀悼詩。如魏繆襲，晉陸機，陶淵明，宋鮑照，北齊祖珽底挽歌，都是敘生者必滅底理，送死者以慰生者的呀。

短歌行與長歌行　短歌行及長歌行，是並歎人壽底短。短歌行，魏底武帝，文帝，明帝，晉底傳玄，陸機，梁底張率等都作過的。長歌行，以漢古樂府爲首，魏底明帝晉底傳玄，陸機，宋底謝靈運，梁底元帝等都作過的。歎古來人生底短促：或比朝露，或比朝霜，或喻飛電，或喻陌上的塵，或擬白駒底過隙。像古詩十九首中說：『人生天地間，忽如遠行客；』『人生寄一世，奄忽若飆塵；』『人生非金石，豈能長壽考？』『浩浩陰陽移，年命如朝露；』又說：『人生忽如寄，壽無金石固；』在秦嘉底贈婦詩裏說：『人生譬朝露；』在魏武帝底短歌行裏說：『譬如朝露，去日無多；」曹植底贈白馬王彪裏說：「人生寄一世，去若朝露晞；」在送應氏裏說：「天地無終極，人命若朝霜，」陸機底短歌行裏說：「人壽幾何？逝如朝霜；」在陶淵明底雜詩裏說：「人生無根蒂，飄如陌上塵；」謝靈運底長歌行裏說：「徂齡速飛電，頹節騖驚湍；」費昶底行路難裏說：「君不見人生百年如流電？」李白底對酒行裏說：「浮生速流電，」宋太祖嘗告功臣說：「人生如白駒過隙；」等都是。但短歌行概爲消極的，長歌行或帶有幾分積極的意嚮。所以魏文帝，晉傅玄，陸機及梁張率底短歌行，都是消極的；而漢古樂府及陸機底長歌行，却多積極的傾向。而魏武帝底短歌行，表現出野心勃勃的想爲一世之雄，在表面假裝消極說：「憂從中來，不可斷絕，」而裏面却是積極的，所以有「周公吐哺，天下歸心，」之說。猶前漢武帝底秋風辭，在表面歎老，暗地裏却欲盡得意的歡樂。

七哀詩　七哀詩，不必止敘死別之哀，且也敘生別之哀的。所以王粲，阮瑀，張載等底七哀，雖都敘死別底悲哀，曹植底七哀，却寫夫妻底別離悲劇的。其他如毛詩秦風底黃鳥篇裏，傷三良底殉死，在曹植底三良詩，王粲底詠史詩，阮瑀底詠史詩，陶淵明底詠三良，也敘殉死底悲哀，都是所謂死底文學。

貧底文學　貧底文學，是在欲富不能得，厭貧不得避底場合所發生的；尚書底洪範裏論五福「富居第二，」又論六極，「貧居第四。」因貧苦爲生命苦惱中底中樞；未能樂觀地過百年的人生，却所以置生於四苦之一，這是概因悶着於貧苦底吧。且貧苦不但爲老苦底素因，病苦因貧而愈增苦悶，死苦也爲貧而益增悲哀呀。所以歌人生行路難底感情詩人，大都是訴窮泣苦貧的。可是貧之爲物，未必卽是人生底苦愁。安於淸貧一語，是爲古來學者理想的所在，仁人君子所不敢以爲恥的。古人以居陋巷，一簞食一瓢飲而爲樂的。但是因貧不能盡孝養其親之道；又不能施教育於其子，飢不得食，寒不得衣，冠婚也不能盡禮，葬祭也不能竭情，疾病也不能得醫藥底時候，始發生苦愁了。陶淵明爲五斗米折節，是屈於養親。曾我底五郞——

時宗——底母曾說：『四百四病中以貧爲最苦痛。』這因爲思子底前途的利益的呀。是病底苦愁；一面爲人道問題不能盡孝慈，一面爲社會問題不得保障生活底安定時而生出來的。像鮑照底貧賤苦愁行裏有說：『湮沒雖死悲，貧苦卽生劇；長歎至天曉，愁苦窮日夕。盛顏當少歇，鬢髮先老白。親友四面絕，明知斷三益；』其結末說：「湮圯津塗塞，遂轉死溝壑；以此窮百年，不如還窀穸。』這是善於描寫貧苦底。而以理智的觀察，若從儒教底倫理觀看來，那末君子當安於淸貧，樂於天命，不義的富貴，應看做如浮雲的。如孔子嘗說：『君子食無求飽，居無求安；』『貧而樂；』『士志於道，而恥惡衣惡食者，未足與議也；』又說：『飯疏食飲水，曲肱而枕之，樂亦在其中矣。』就是。所以關於貧底文學底內容說，有感情的與理智的二種；猶如臨終詩有感情的與理智的一般。

詩人對於貧底態度　試就貧底文學，把理智的與感情的分起類來：那末揚雄底逐貧賦，陶淵明底詠貧士七首，庾信底連珠，（懸鶉百結），宋蕭璟底貧士詩，陳張正見底賦得落落窮巷士，唐王粲底貧賦，及韓愈段成式底送窮文，都爲理智本位；而蔡邕底九惟文，晉束晳底貧家賦，江逌底詠貧，宋鮑照底貧賤苦愁行，張望底貧士，都爲感情本位。

別離文學　別離也是人生底悲劇。所以聚者常離，雖信做人生底常態，而離愁合歡，也是古今人情之所同然的。且別離之悲，是發生於多方面的：死別生別，都得生別離文學；而生別又有送別留別之作。又在君臣，父子，夫婦，兄弟，朋友之間，有遠別離，或久別離，所以不但樂府題目中，有生別離以下底十九首，即怨曲二十五曲，也概因閨怨，而發於夫婦別離之際的。至君臣底別離，常生於君愚暗臣賢明之際，如屈原之於楚襄王是。父子底別離，是生於父荒淫底場合，或孝子行役底場合，五子之歌屬於前者，蓼莪之詩屬於後者。夫婦底別離，是言夫婦別居，山川阻隔，不好容易相見底時候；漢無名氏底傷歌行，及藁砧底古絕句，即是思婦之作；「秋風蕭蕭愁殺人」及「悲歌可以當泣」底古歌，是征夫之作。朋友及兄弟底別離，概生於遷謫之際，以前的如古詩底步出城東門及蘇李之詩是。以後的如王維兄弟，及蘇軾底唱和是。都是對於別離的悲觀文學。

老底文學 老底文學，是出於歎年齒已老功名未成底哀情的。像漢武帝在秋風辭裏發「少壯幾時兮奈老何？」之歎，魏阮籍在詠懷詩裏敍「朝爲美少年，夕暮成醜老；」之悲；晉陸機（或說宋鮑照之作，）及宋范照底詠老裏：「紅顏變悴容，玄鬢化白髮，」敍冉冉的至老底悲哀。鮑照底代少年時至衰老行裏，是念少年時馳逐好名，出入富貴之門，飾綺羅，驅車馬，左右擁燕齊底美女，日日沉醉在芳醇之酒與膏粱之味裏的身，也悲到衰老底今日，不復得曩日底享樂了。這些都是對於老底悲觀文學。更有漢宋子侯底董嬌嬈，假洛陽城東桃李之花，敍人生易老底悲哀；唐劉庭芝底代悲白髮翁，其內容形式，共出董嬌嬈，歎昔日紅顏的美少年，今日已爲半死的白頭翁了。

老底苦 但莊周嘗說過「大塊勞我以生，佚我以老，息我以死」的。是只知生底苦，而不知老底苦與死底苦的。可是不知老底苦，不獨是莊周，孔子也曾說：

『發憤忘食，樂而忘憂，不知老之將至。』這個學而不厭，誨而不倦的孔子，熱中於成已成人，忘食忘憂，遂忘老之將至，把自己底態度告白出來，不但不是與詩人底善愁善泣的同趣，又和莊周底不知老底苦的也非同流。魏文帝底短歌行裏有說：

『人亦有言，憂令人老；』這可知多憂的詩人，自然易老，同時歎老底心也更強烈底所以了。

病底苦　病底苦，是與死底苦有密接的關係的。尙書洪範裏，把「疾」爲六極之第二，置於「凶折夭」底次。倘若自覺到病未必卽死，那末無論什麼人，似不應該感多大的病苦了。古來詩人多病中之作。但他們底多數，都得快慰而有自信的。所以吐血的苦痛與斷腸的悲哀，是他們底作中，缺少而不大有見的。

病底文學　漢樂府裏有婦病行：這是瀕死的病婦，——憂慮遺兒底身上，將來已亡之後，不可爲後婦所虐待，遺言於其夫——底哀詩。可是這詩與其說是敍疾病本身底苦痛，毋寧是描寫人生本身底悲痛；即是描寫病苦以外底生底苦和死底苦的。陳江總底婦病行亦然。倘只敍疾病本身底苦痛與哀傷，那末不得不推鮑照底松柏篇，及盧照鄰底釋疾文爲巨擘了。傅玄底龜鶴篇，——雖爲鮑照松柏篇之所胚胎，悲人生底短折的，——今已不傳了。但只能從照底松柏篇底序裏：『適見樂府詩龜鶴篇，於危病中，見長逝詞，惻然酸懷抱，……』數語而推知之。齊王秀之底「臥疾敍意，」梁朱超道底「歲晚沉痾，」北周庾信底「臥疾窮愁」之類，所說的殊有敍述未盡之憾。獨照底松柏篇五言九十六句底長篇，能寫出病死底苦痛。照爲元嘉底詩傑，與顏謝二家對峙，并有在鼎立中超出的資格，可惜生前無知己，死後不傳於史乘，且死於無辜非命。松柏篇未必即是他臨終之作。是作於羅重病，呼吸逼迫，彌久不愈之際。他底家無担石之儲，他底兒女，都是幼孩；而他底事業未終，他底著述未成，病已入膏肓，傾家產，迎醫者，買藥餌，龜鶴之壽，復不能望。是寫——人事將畢肉體將化之時，與家人永訣，上不歸之途，就長夜之寢，——底悲哀。又盧照鄰爲初唐底詩傑，嘗爲鄧王府底典籤，讀破王底藏書十二車，爲鄧王所歎賞曰：『吾家之相如。』但羅疾辭官，服藥餌於太白山中，手足攣廢，不勝其苦，遂與親屬訣別，自投穎水而死。他底釋疾文三篇，釋疾歌三首，身苦痼疾，呻吟空牀，展轉病室，自放擲其前途底期望，空目擊四時寒暑，草木榮悴之狀，察人事底推移變遷，遺無限的感慨與悲憤。其他像杜甫底老病，盧綸底臥病書懷，張籍底臥病，白居易底病中作，病氣，衰病，老病歲暮病懷，老病幽獨，老病相仍以詩自解，權德輿底多病戲書，孟郊底臥病，病客吟，朱之才底臥病有感，元好問底病中，吳寬底老病歎，都是對於病底苦悶文學。

第十七章　詩人底人格

温柔敦厚與思無邪　詩人底玷缺　文章九命　詩人底矜誕簡傲　觀

溫柔敦厚與思無邪　文學與哲學不同格的。詩人與倫理學者不同趣的。詩人與其說是理智的，寧說是感情本位，已於前章敍述過了。所以詩人處於人事之變，所謂事與志違，命與仇謀底場合，往往逸出常軌之外，敏於感情的。敏於感情的詩人底言動，時常要脫出常軌之外，不律以道德的。且尤不可以法律糾問。純粹的感情，爲詩人必要的資格。傾於理論，陷於理障，便不是詩底上乘。汲汲於學理的，拘泥於理法的，落於詩人底第二流。這種詩人底言動，向來趨於感情，不是被道學者彈劾底所以嗎？禮記裏以「溫柔敦厚」爲詩人之教。孔子評詩三百，也用「思無邪」一言。詩人底人格，果須溫柔敦厚的吧？或詩人與溫良恭儉讓的聖人應無大差別？詩人底思想，果不能邪的吧？或詩人也與君子人底態度將何所擇的呢？如果那樣，是詩人與倫理學者看來，決沒有何等的衝突了。但我解禮記底『其爲人也溫柔敦厚，詩教也』底一句，並不把詩人底人格，看做溫柔敦厚，却轉化爲詩人底性格，沒有溫柔敦厚，從奇矯過激的感情的態度，使接近於溫柔敦厚的聖域，可信為這個理想是不錯的。又解孔子底「思無邪」一言，為三百篇中時有奇矯之言，過激的辭，因看破作詩底動機為孰是而是，孰非而非的眞性情底流露。那末孔子也將認斂于感情的詩人底言動，往往趨於極端，要逸出常軌之外的吧？

詩人底玷缺　古來詩人多玷缺。魏文帝嘗挑發「文人相輕」之弊；北齊底顏之推，隋底王通，明底王世貞，都共鳴於這，暴露詩人文士底罪惡。即在顏之推底家訓裏，說：『屈原露才揚己，顯君罪惡；宋玉體貌容冶，為俳優之態；東方朔滑稽不雅；司馬相如竊貲無操；揚雄美新敗德；李陵降辱於夷虜；劉歆反覆於莽世；傅毅附黨於權門；班固盜竊父史；趙壹抗竦過度；馬融佞媚而獲誚；蔡邕同惡而受誅；曹植悖慢而犯法；王粲嫌其率躁，孔融，禰衡以放誕而致殞；楊修，丁廙因扇動而致斃；阮籍無禮敗俗；嵇康凌物凶終；傅玄忿鬥而免官；孫楚誇誕而凌上；陸機犯順而履險；潘岳乾沒而取危；顏延之負氣而摧黜；謝靈運空疏而亂紀；』其他王褒，馮衍，吳質，杜篤，路粹，陳琳，繁欽，劉楨，王融，謝眺等底性行，都被一一詆毀；即有才華的帝王如漢武帝，魏太祖，文帝，明帝，宋孝武帝也逮及而被斷定的說：『皆負世議非懿德之君也。』這不是律詩人以倫理學者底道德了吧？且在家訓裏有說：『君子絕交不出惡聲，曾一次屈膝事人之後，安可以爲存亡而改其態度耶？陳琳嘗爲袁紹裁書，比曹操於豺狼，後爲曹操作檄，比袁紹於蛇虺，雖由於人君之命，亦可爲文人之巨患。』倘果以這爲文人底巨患嗎？那末如詩經底齊風裏，比襄公於雄狐，在邶風裏，比衛宣公於雄雉，也爲詩人底巨患，而可看做失溫柔敦厚底詩教了吧？何況在王通底中說，評謝靈運，沈約爲小人，評鮑照，江淹爲古之狷者，吳筠，孔珪爲古之狂者，謝莊王融爲古之纖人，徐陵庾信爲古之夸人，劉孝綽兄弟爲鄙人，湘東王兄弟爲貪人，謝眺爲淺人，江總爲詭人的呀。——他以道學先生自許，曾稱詩經三百篇爲上明三綱下達五常之書。不瞭解文學底要素。與詩人底本領，是沒有與論文學底資格的。

文章九命　顏之推以後，效顏氏底顰，列舉詩人底玷缺的，爲明王世貞底文章九命。王世貞爲朱明第一流詩人。但他共鳴顏氏之說，摘發從先秦到唐宋五十餘個詩人底罪惡。就中如說沈約乘時徼封；王儉市國取相；魏收淫婢徼賄；江總麗詞獻諂；四傑競尙輕浮；沈宋馳騁險猾；李嶠尸責浮沈；蘇味道稜稜充位；張說大肆苞苴；賀知章縱心沈湎；王維，鄭虔陷身逆虜；柳宗元，劉禹錫躁事權臣，劉長卿怨懟多忤；嚴武驕矜無上，崔顥輕薄伉偶；李海裕樹黨掊擊；王建連姻貂璫；李益感恩藩鎭；歐陽修乖名濮議；蘇軾攻取濁黨；王安石斂怨元豐；陸游失身平原；都近於吹毛求疵，不好成人美，而發於小人底褊心的。

詩人底矜誕簡傲　凡敏於感情的，對於出處，進退，死生，患難之際，總乏悠揚不迫的態度。在順境時銳於進取，立逆境時也易於沮喪。得志則揚揚乎如坐於九天之上，失意則頓挫如落於奈落之底。尤其是詩人詠物敍事，方在發揮性靈，標舉興會之時：天上天下，從無監我制我之物，情境相和，內外一致，神升九霄，氣淩千古，惟我獨尊，牢籠天地，包括萬物。因這種氣象與這種態度，所以詩人往往要負矜誕，簡傲，粗放，偃蹇底誹謗了。像曹植底簡傲，孫楚底矜誇，謝靈運底疎放，杜審言底矜誕，李白底宏放不羈，杜牧底傲岸不循法度都是。何况像杜甫這樣的自己稱許高美呢！——在上玄宗書裏，自比揚雄枚臯，「臣之述作，沈鬱頓挫，揚雄枚臯，可企及也；」在壯游詩裏，自比揚雄班固，「斯文崔魏徒，以我似班揚；」又比之於屈原，賈誼，曹植，劉楨，曾說：「氣劘屈賈壘，目短曹劉牆；」在奉呈韋左丞二十二韻，比之於揚雄，曹植，李邕，王翰有說，「賦料揚雄敵，詩看子建親；李邕求識面，王翰願爲鄰，自謂頗挺出，立登要路津；」在詩聖底眼中，無屈原，賈誼，枚臯，揚雄，班固，曹植，劉楨，固不足怪；至於在自京赴奉先詠懷詩裏，「竊比稷與契，」也可知他底矜誕與簡傲了。

觀過知仁　詩人底極端行爲，常不免爲道德上底罪人，或法律上底罪人。其罪有不可恕，其衷情非不可憫。孔子嘗說「觀過知仁」底話。屈原底離騷，是生於幽怨；但他底幽怨，是出於思君愛國底至誠；所以決不能謂他有「露才揚己，顯君之過」底罪了。班固底漢書，雖多續傳於班彪，但也不能加他以「盜竊」底罪名。史記底五帝本紀及夏本紀，雖採取於尙書底虞書夏書，孔子世家及仲尼弟子傳，雖剪裁論語之文，但誰被司馬遷以盜竊之名過呢？所以我主張以道學者底禮法，不可律之於詩人底言動。可是顏氏家訓，中說，及文章九命底苛察，雖不好成人之美，發於小人底褊心；但也決不可蔑視道學者底禮法。要調節偏於感情的詩人底行動，因不得不假道學者底禮法。倘不歸順於人道底詩人，那便不得不孤立於人間以外了。

談藝錄　詩人雖多玷缺，但也莫不希求於尙德行合經術。徐楨卿底談藝錄裏論詩人底忠厚說：像蘇武戒李陵愛景光，李陵厲蘇武崇明德，魏武悲東山，王粲感鳴鸛，其微旨何殊於經術呢？且鹿鳴，頍弁之宴好，黍離，有蓷之哀傷，氓蚩，晨風之悔歎，蟋蟀，山樞之感慨，柏舟，終風之憤懣，杕杜，葛藟之惘恤，葛屨，祈父之譏訕，黃鳥，二子之痛悼，山弁，何人斯之怨悱，小宛，雞鳴之戒惕，大東，何草不黃之困疵，巷伯，鶉奔之惡惡，綢繆。車舝之歡慶，木瓜，采葛之情念，雄雉，伯兮之思懷，壯山，陟岵之行役，伐檀，七月之勤敏，棠棣，蓼莪之大義：都可說是曲盡情思，婉淑氣辭的了。說哀傷，悔歎，感慨，憤懣，譏訕，痛悼，怨悱，戒惕，思懷，莫不是感情底流露，爲致對時失禮對法不合之感。但若不一一律以禮法，便不能察其情思之邪了。若不察其情思底非邪，而徒罪其言，是強箝天下之口了。

至美與至善　美未必卽善，善也未必卽美；至美裏面，有善存在，至善背後，也有美存在。所以出於「不邪之思」底三百篇，雖能曲盡情思，也決不違背溫柔敦厚之教。但用顏之推，王通，及王世貞底論法，如一一糺問三百篇底作者，哪一個不當被罪名呢？言之無罪，乃是其言出之於眞情。聞之足戒，其言方合於眞理了。

第十八章　詩人底態度

詩人底血與淚　詩人底感激性　大詩人底襟度　詩人未必是宗教家

詩人底感謝　人事與自然

詩人底血與淚　詩人底態度，對於君底時候，或竭其忠誠，補闕拾遺，能爲人倫之標準，像諸葛孔明與虞世南就是。或事媚從，而阿意逢迎，世所謂有幫閒詩人底面目，像沈佺期與宋之問是。或宏放不羈，不拘束於官紀，像李白與賀知章是。對於父母底時候：或欲爲孝子，盡孝養於膝下。或陟岵陟屺，瞻望父母，歎息着王事靡盬。對於妻子底時候，或欲琴瑟和合，耽於一家團圞之樂。或強顏謂：甚至我身不能自保，又何戀於妻子？若乃對於能決自身死生，窮達，吉凶，禍福底大問題時，詩人底態度，非大喜必大悲，不是爲揚揚時代歡樂的寵兒，即必意氣銷沉，痛苦，流涕，長太息而爲人生底落伍者。唯處於出處進退底機會，詩人底態度，不但是敏感而多淚；即在於平居閑暇之際，觸物接事，一日之中，或喜或怒，或哀或懼，或怨或歎，百年之間，日夜反復，殆有不得已之時，即一醉之中，或泣或笑，一眠之間，也或泣於夢，或笑於夢的。這種自然情熱底所在，有血有淚，乃是詩人底常態。如美人底紅淚，有溶英雄鉄石心底魔力，所以詩人底熱血，能動天地，詩人底熱淚，能泣鬼神。詩人底生命，在他底血裏。詩人底財產，就在他底淚裏。

詩人底感激性　詩人底感激性，以受外界底事物刺激爲多；詩人底態度，無論何時不只身受，有時進而擴大自我，牢籠天地，囊括萬物，逍遙自然，無論何物不能抑制。這不是詩人底極樂淨土，立於唯我獨尊底境遇嗎？所以過一日二十四時間，一喜一憂之中，而歎人生之多愁，未必是天下的大詩人。送百年三萬六千日於憂感煩悶之中，歎天地底局促的，是爲詩人之病態——無雅量，無曠懷，——不能安心立命而達於彼岸的。

大詩人底襟度　大詩人底襟度，能牢籠天地，囊括萬物；可是大詩人對天地萬物，並不是科學的理解其本質，說明其原理。天地萬物，莫不是佢們底資料；可是佢們不說明天地底所以長久；又對於日月，星辰，風雨，霜露，山川，草木，花鳥，蟲魚等，都爲不分析的論辯。例如把日作晝夜兼行，晨出東海，夕入西山之類就是。但知地動之理底東漢以後底詩人，曾多賦日出行，日出入行，升天行。因是得斷定詩人也不可不有科學底知識。乘汽車顧望牕前底風景，而說草木走，田疇飛，山岳動，不當疑其人爲沒有常識的了。因這是形容汽車急速力底一種修辭法。如龜田鵬齋（按指日人，）底舟行詩說：「飽帆快剪波濤走，岸樹却行山趁舟；」也是。但雖當歌山川，草木，花鳥，蟲魚底美，也未必要求地質學，植物學，動物學底專門智識。臨水觀賞清流，是直覺的；非敢問其水之成分如何？看花觀賞其色之美，也是直觀的，但非敢問其花之色素，及其化合底分量如何？畢竟詩人以常識爲基礎，不是以專門智識爲標準。感映於目之美而歌，鑽入到耳之美輒詠，接觸於鼻口之美，便得吟哦。所以以理智爲主的哲學上底議論，或只爲一部少數的智識階級所歡迎，以感情爲主的詩人之言，則通天下，亘古今，多爲有常識的一般民衆所歡迎的。

詩人未必是宗教家　詩人未必是宗教家。所以感謝天地覆載底恩惠之詩人，其態度决不與宗教家底虔敬一致。爲什麼呢？因天非獨覆詩人，而地也非獨載詩人，所以要感謝天地覆載底恩惠的，也不獨在詩人。世界底人類，應平等地感謝的。凡其物之數號稱曰萬，是天地間所生息的人，獸，鳥，魚等，一切的生物，都是有名的總括的稱呼。而人類不過是萬物中底一物，人類應感謝天地的準度，等分於世界萬物，只担負萬分之一罷了。倘若假設世界底人類爲幾億兆，那末一個詩人，應感謝天地底比例，又當等分於世界底人類，只幾億兆分之一罷了。詩人認在天有神。而詩人之所謂神，並不是與宗教家底所謂神一致的。詩人認地有祇。而詩人之所謂祇，並不是與宗教家底所謂國土之神一致的。畢竟詩人曰神，曰祇，曰皇天，曰后士，曰上帝，曰天帝，曰昊天，曰旻天，都不過是人間底想像的假設名詞。所以宗教家把神看做有絕對的威權，朝禮讚，夕祈禱，對父母以上底敬意，致之於神，這爲詩人所不取的。

詩人底感謝　天覆萬物，地載萬物，決非要求萬物底感謝。天無私心，地無私情，所以不感謝並不會怒，感謝也並不會喜。因人類以外底萬物，對天地並沒有何等的感謝。萬物皆不感謝，獨人類感謝，是人之有感情。人類都不感謝，獨詩人感謝，是詩人底感情最敏銳底緣故。而感謝天地底恩惠的，以酒肉可，以粟米可，以金銀財寶可，以詩歌文章亦可。可是天地不食肉，不飲酒，不會飢也不要粟米，不會窮也不要金銀財寶。但是人把它供奉起來，是俗化神明，而比擬之於民衆了。爲什麼呢？民衆皆嗜酒肉，所以神也當做嗜酒肉的了；民衆皆好粟米，所以神也當做好粟米的了；民衆皆喜金銀財寶，所以神也當做喜金銀財寶的了。

人事與自然　人乘馬車或汽車，都各各支付其規定底賃金，對載萬物永久運行底大地，却不曾支出一文賃金。人對電燈或瓦斯燈，都支出規定底費，獨對於永久照臨三千世界底日月，不曾支出一錢費過。人對水道納規定底稅金，對雨露滋潤草木，江河灌漑桑田，却不曾納一厘稅金。要之佢們對人事上底約束，能盡自己底責任，對於自然，却不感何等的義務。但是敏於感情底詩人，能感謝天地底恩惠，同時對于日月，星辰，風雨，霜露，山川，草木，花鳥，蟲魚等，也表感謝底意思。但詩人感謝天地底敬意，應知與我們對日月，星辰，風雨，霜露，山川，草木，花鳥，蟲魚底恩惠，是爲我們利爲我們樂因之感謝而致敬意的並沒多大差別的呀。

第十九章　詩人與大自然

天地人三才　柳宗元與山水美　謝靈運與山水美　王羲之與陶淵明

日之美　星之美　山之美　水之美　湖之美　海之美　詠物詩

天地人三才　詩人是有牢籠天地包括萬物的洪懷雅量。司馬相如嘗說：「賦家之心，包括宇宙，總攬人物。」而區區的一塊肉，（按指人）能參天地之大，並稱曰天地人三才，也決非偶然的。天覆萬物，地載萬物，人也能裁成萬物的。禮記裏有說：「聖人參於天地，並於鬼神，以治政，」這是道破聖人底治政，能舉三才之實的。聖人既得參於天地，詩人也可參於天地。天有日月星辰，地有山川草木，詩人是可牢籠天地，包括日月星辰山川草木，得見於目，得聞於耳，得取一切之物而入於己底詩囊中的。是大詩人不論在主觀的寫出自己底感與的時候，客觀的讚美天地萬物的時候，總平等地處理一切的萬物，與大自然相提攜以爲樂，相同化以爲歌。「仁者樂山，智者樂水，」不過是求與己相近似，相融和，相同化罷了。

柳宗元與山水美　人間所到底地方，總有靑山白水。而仁者底樂山，並非凡山，智者底樂水，並非凡水。仁者取山之靜以爲樂，智者取水之動以爲樂。所以詩人底讚美山水，乃是喜其形底不俗，同時尙其趣底淸秀。如柳宗元獲罪被貶於永州，一見西山底奇特，喜而游，游而樂，心凝形釋，與萬化冥合。曾說：

　凡數州之土壤，皆在衽席之下；其高下之勢，岈然洼然，若垤若穴，尺寸千里，攢蹙累積，莫得遯隱，縈青繚白，外與天際，四望如一；然後知是山之特出，不與培塿爲類，悠悠乎與灝氣俱，而莫得其涯，洋洋乎與造物者游，而不知其所窮。引觴滿酌，頹然就醉，不知日之入；蒼然暮色，自遠而至，至無所見，而猶不欲歸。心凝神釋，與萬化冥合，然後知吾嚮之未始游。游於是乎始。

又因得鈷鉧潭西底小邱，目覩淸冷之狀，耳聽瀯瀯之聲，神與悠然而虛的相交，心與淵然而靜的相接；曾說：

　山之高，雲之浮，溪之流，鳥獸魚之遨游，舉熙熙然迴巧獻伎，以效玆邱之下。枕席而臥，則淸冷之狀與目謀，瀯瀯之聲與耳謀，悠然而虛者與神謀，淵然而靜者與心謀；

又敍潭中底魚底樂而自樂，有說：

潭中魚可百許頭，皆若空游無所依；日光下徹，影布石上，怡然不動，俶爾遠逝，往來翕忽，似與游者相樂。

這不是從莊子與惠子在濠梁之上論魚樂裏所脫胎出來的嗎？要之宗元這時底心理狀態，是已忘懷人事，而與自然相親，樂山水而友侶於鳥獸蟲鳥的了。

謝靈運與山水美 又如謝靈運不得志之時，前遨游於永嘉山水，後放浪於會稽山水，也是近於愛自然的。所以他在齋中讀書底詩裏有說：

昔余游京華，未嘗廢邱壑；矧乃歸山川，心跡雙寂寞。

在石壁精舍還湖中作裏，稱山水底清暉，有說：

昏旦變氣候，山水含清暉；清暉能娛人，游子澹忘歸。

又於南山往北山經湖中瞻眺，樂喬木，大壑，天鷄，海鷗底景趣，曾說：

撫化心無厭，　覽物眷彌重；不惜去人遠，　但恨莫與同。

想靈運底山澤之游，本因不得志，而出於人事上底不平，其動機未必在憧憬於自然美。但是結果禮讚自然，而冷淡人事了。所以不但他底山居賦，能寫出他底山水慾；卽他底山水登臨諸作，都能發揮自然美的。

王羲之與陶淵明　柳宗元對於永州底山水，謝靈運對於永嘉會稽底山水，都是默契於心中，雖都似有深自快樂底所在；有時猶難免有不平之氣鬱勃而起的痕跡。因他們底才氣鋒銛，這時猶銳利，未全銷磨乾凈。所以樂天詩人的宗元靈運，竟不如王羲之，陶淵明底胸中洒落，無鄙吝之念，無奔競之心。試一讀羲之底蘭亭詩及其序，可知樂天詩人怎樣地讚美其自然的化工了？又請一誦淵明底歸園田居，及飲酒之作，可知他田園詩人怎樣地愛自然的了。

仰視碧天際，　俯瞰綠水濱，　寥闃無涯觀，　寓目理自陳；　大矣造化工，　萬殊莫不均！　羣籟雖參差，　適我無非新。（王羲之，　蘭亭

詩，）

結廬在人境，而無車馬喧；問君何能爾？心遠地自偏。採菊東籬下，悠然見南山，山氣日夕佳，飛鳥相與還，此中有眞意，欲辯已忘言。（陶淵明，飲酒）

前者是敍俯仰天地之大，爲萬殊達觀底詩人底洪懷。後者是寫出「採菊東籬下，悠然見南山」底詩人底雅致。若說前者是右軍底寫神，那末後者可以看做彭澤底自畫像了。

日底美　古來詩人怎樣地禮讚大自然，怎樣地歌頌自然美呢？細察起來，屬於天的，從日月星辰到風雪雨露，屬於地的，從山川草木到鳥獸蟲魚，都是稱述其美的。試就日底美而說起來：古來或稱其有恆久性，或贊其光明赫奕，遍照四海蕃生萬物底功德的。在周易裏說：『日月之道，貞明者也。』早認日底有恆久性；在毛詩裏說：『出自東方，照臨下土。』在文子裏說：『日出於地，萬物蕃息。』都是頌贊光明底普照，萬物底滋生的。老子裏有『天長地久』之語，孔子曾說，『天無二日，民無二王。』前者底「天長」，不但是稱天底空間底弘大，又有時間底長久底意味。而天底長，卽是日月貞明底意味。後者底「天無二日，」也是取無二的能普遍四海之意。况稱日：或曰白駒，或曰赤羽，或曰金烏，或曰曜靈，或叫炎精，或叫陽精之宗，都是認日爲三光之首，七曜之先的。何况又稱曰丹暉，或丹曦，或曰朱炎，或叫紅輪，或叫黃金輪，或叫赤玉盤，或謂五色備，或謂金光浮動，都是形容日光底美的。因日光美有恆久性，有普遍性，不但是永久地照臨萬象，且洋洋的和氣，能解百川之冰，開千林底花，能曝巖穴隱士底背，而無衣無褐的窮氓有如挾纊，像這樣的不誠是大自然底海澤嗎？何况對于卿雲爛時而發的光華，南風薰時解民慍色，且阜民底財，慘沮戚戚之容，革於一時，煦嫗熙熙之化，遍於四海，留景麗天，赤光浮浪，把萬里赫弈的蒼溟而爲黃金化，實在地，不是天地一大壯觀嗎？所以古來樂府中底日暖萬年枝，日華川上動，落日山照曜底諸篇，都是詠日光底美和祥瑞的。其他像劉楨底詠日說：『仰視白日光，皎皎高且懸；秉燭八紘內，物類無偏頗；』王融底詠朝日，說：『團團出天外，煜煜上層峯，光隨浪高下，影逐樓輕濃；』李嶠底詠日，說：『旦出扶桑路，遙升若木枝；雲間五色滿，霞彩九光披；』劉禹錫底詩說：『咿喔天鷄鳴，扶桑色昕昕，赤波千萬里，擁出黃金輪；』白居易底詩，說：『杲杲東日出，照我屋南隅，負暄閉目坐，和氣生肌膚；初似飲醇醪，又如蟄者蘇，外融百骸暢，中適一念無；曠然忘所在，心與虛空俱。』韓偓底詩，說：『天際霞光入水中，水中天際一時紅；』又王約底賦裏說：『初升九華日，潛暖萬年枝；煦嫗光偏好，青蔥色轉宜；每因韶景麗，長沐惠風吹；』王棒珪底賦，說：『杲杲太陽，昇自扶桑，既移晷而高下，亦候時而短長；其沒也天地爲之黯色，其出也遠近爲之生光，及夫春景初動，寒威始歇，照百川以冰開，煖千林而花發；』熊曜底賦，說：『秦門之東，天地一空，直見曉日，生於海中，赤光浮浪，如沸如鑠，驚濤連山，前拒後却，圜觀上下，影見寥廓，焜煌天垂，呑吐巨蟄。當其扶桑洶湧於雲光，陽德出麗乎乾剛，汗漫翕納，將吞六合，冲融靑冥，遙浸朱明；』唐虁底賦，說：『依巽之烏，感微煦而和鳴；帶雪之林，假餘光而改色。彼谷隱巖居之子，無衣無褐之人，照臨遵夫和氣，偃曝得夫天眞；慘沮潛收，戚戚之容咸革；溫仁遠被，熙熙之化斯淳；』都是。

星底美　關於星底美說來：古來是把它看做太陽底分體，或稱「陽之榮，」或稱「日之餘」。像春秋說題辭裏說：『星之爲言精也，陽之榮也，陽精爲日，日分爲星，故其字日生爲星。』唐趙蕃底衆星環北極賦裏說：『惟極天之樞，惟星日之餘；』是。又把五星看做「五行之精的。」如晉書裏說：『文曜麗乎天，其動者有七：日者，陽精之宗，月者陰精之宗，五星五行之精；』是。而中國古代底「天人一體說」：以爲人之靈升天爲星，星之精降地爲人，——生了這樣的傳說。像傳說死而爲列星，李白爲太白星底化生，就是。又有人事感動星象底傳說？如嚴光底足加於光武底腹，而天象生了異變就是。若說形容它光明之美：那末或稱編珠，或稱連貝，或曰貫珠，或曰散錦，或叫曳練，或叫金粟，或叫銀礫。其他像隋袁慶有詩，說：『爛爛星芒動，耿耿清河長；』諸葛穎底詩說：『連珠欲東上，團扇漸西沈；』唐李涉底詩說：『水似晴天天欲水，兩重星點碧琉璃』；宋蘇軾底詩說：『大星光相射，小星鬧如沸；』又唐楊烱底賦裏說：『晃如金粟，粲若銀燭；比秋草之一螢，狀荊山之片玉；渾渾熊熊，懸紫貝於沙宮；華華曄曄，耀明珠於漢水；』李子蘭底賦裏說：『夜則出焉，麗乾元以發彩；晝而隱也，讓太陽而藏輝。至若雲開天碧，昭然可覿，燦若銀礫，煌煌其明，爛爛其色，九霄靜而載揚光芒，千里望而不違咫尺；』何類瑜底賦裏說：『明麗乎天，則高而可仰，光燦於夜，亦爛而有霸；』都是。

山底美　關於山底美，謝道韞底登山，杜甫底望嶽，李白底游泰山，都是詠泰山之美的；慧遠底廬山東林雜詩；李白底望廬山瀑布水，及廬山謠，都是寫廬山底美的；王維底終南山，儲光羲底終南幽居，韓愈底南山，都是敍終南山底美的；李白底天台曉望，孟郊底送超上人歸天台，都是詠天台山之美的。泰山之美，爲在齊魯之鎭，維石巖巖，高摩九霄，藏煙霧於萬壑，施雷雨於四海；若從頂上一望，眼界豁如，而有任何人都小天下的偉觀。廬山之美，爲在荆舒之鎭，深崖穹岫，陰冰結於三伏，炎樹榮於三冬，勢壓九江，有飛流直下三千丈的壯觀。終南之美，爲在畿甸之鎭，巍峨近於天都，蜿蜒直到海隅，白雲青靄，尤帶秀色。天台之美，因山岳底神秀，蔚然鎭於百越，上凌青霄，下見滄海，丹壑碧溪，深藏無底。而自李杜以下諸家底作品，都能發揮這個自然美的。

水底美　關於水底美：黃河底濁流，蕩蕩的汨陵，浩浩的滔天，這從舜禹以來，旣屢見於史册，河上底詩人，徒咨嗟憂歎，感人到於悲觀，而不起一些快象的。——一面發『俟河之清，人壽幾何!?』之歎。一面不過致『公無渡河』之感。所以河清頌，是頌假設河清，爲千歲一遇之吉祥；而公無渡河之詩，是說河之廣不可渡，風濤可畏不可愛，那末即愛自然樂山水底詩人，也並不曾讚美黃河的呢。揚子江之流，急而且長，這是多見於古來詩人底筆的。郭璞底江賦，是能盡長江底源委：從水之迅激，山底巍峨，水族底生產物，以及巨細無遺，莫不一一舖陳；但他未必是樂於水的。李白底早發白帝城，却以二十八字，很好的描出一瀉千里之趣。其他像謝朓底「大江日夜流，」陰鏗底「大江一浩蕩，」都甫底「浩浩終不息」都是。又李白有江上吟，可算是通篇快感的文字，可是詩酒與妓之外，至少有未敍江水底美之憾。如李東陽底長江行，雖可稱豪放並極痛快，但也不能算發揮美底眞趣。

湖底美　關於湖底美：西湖底煙波瀲蕩，洞庭湖底水天渺茫，都足以感動詩人底詩興；但其詩總不能比於其景的。蘇軾常眷戀西湖底勝景，曾懷念風光，有說：「西湖天下景，游者無愚賢；深淺隨所得，誰能識其全？嗟我本狂直，早爲世所捐；獨專山水樂，付與寧非天？三百六十寺，幽尋遂窮年。所至得其妙，心知口難傳；至今淸夜夢，耳目餘芳鮮。」是被目爲曠古天才的蘇軾，竟也不能寫出西湖之美底眞面目來。至於洞庭底光景，始於屈原『洞庭波兮木葉下；』遂爲後世悲觀文學或樂觀文學所由起。到唐時在孟浩然臨洞庭之作裏，有說『波撼岳陽城，』杜甫登岳陽樓底詩裏，有說『乾坤日夜浮；』可謂善於形容洞庭底浩大。及至於宋，范仲淹作岳陽樓記，從喜憂兩方面，幾乎敍盡洞庭底風光了。

海底美　至於海之美，是萬里無際，淼茫的瀰漫八荒，噓吸百川，日月相映，則五彩燦爛，錦光浮動；風濤相搏，則波如連山，碎爲雨雪，爲煙霧；其裏面吞丘陵，吐島嶼，產鱗介，而藏眞珠珊瑚。海實爲無盡的寶庫，並得見造化的絕技哩？木華底海賦，是能舖敍這個壯觀與美景的。如魏武底碣石篇裏說：

東臨碣石，　以觀滄海：　水何澹澹，　山島竦峙；　樹木叢生，　百草豐茂；　秋風蕭瑟，　洪波湧起。　日月之行，　若出其中；　星漢燦爛，　若出其裏；　幸甚至哉！　歌以詠志。

言簡幷能盡意。且通篇少悲觀的文學，善詠欣懷，於以可卜知英雄詩人底襟度了。

詠物詩　要之欲知中國詩人怎樣地解釋天地底萬象呢？不得不博究詠物詩賦，旁及於游仙招隱之詩。詠物詩，以漢蔡邕爲始；至唐李嶠，元薩都剌，雖亦以詠物著名，但當時並未聞有編輯詠物之詩而單行的。這個却以元謝宗可，明瞿宗吉，及清張木威爲始。至收載古今諸名家爲一大總集，要像康熙帝底御定佩文齋詠物詩選是沒有的。

佩文齋詠物詩選　佩文齋詠物詩選，四百八十六卷，收載詠物之詩，自漢魏以後至明，古體近體，共達一萬四千六百九十首。其中有天然物與人工品，從第一册到第十六册，爲天然物；第十七册以下到第四十册，爲人工品。而從第四十一册，到結尾第六十四册，復詠天然物。詠物的詩人，未必都樂於天地自然；但詩人果能樂天地自然與否？這裏面不得不一研究了。

歷代賦彙　詠物之賦，遠溯之以荀卿爲始。漢魏以後底賦家，都曾盛作。康熙帝底御定歷代賦彙百四十卷中，分天象，歲時，地理，草木，花果，鳥獸，鱗魚各類，自周以後到明末之賦，計凡收載三千餘篇。

游仙與招隱　遊仙之詩，雖未詳何人創作，但以我所見的，則以魏曹植之作爲鼻祖。其後嵇康，張華，成公綏，何劭，張協之作，也概以赤松子，王子喬爲理想，與俗人絕交，而希求長生不死。及郭璞底游仙詩十四首一出，樂於自然底地方始多。招隱之詩，張華，左思，閭丘冲，王康琚都作過的。就中以左思底招隱二首，多取樂於山水草木。

樂自然而忘人事　其他像晉王徽之底愛竹，曾說『何可一日無此君；』像梁陶弘景底愛松風，樂白雲，嘗答齊高帝底詔問，有說：『山中何所有？嶺上多白雲。只可自怡悅，不堪持贈君。』如周敦頤底愛蓮，作一篇「愛蓮說；」如林逋結廬於西湖底小孤山，四面都植以梅；這都可謂樂自然而忘人事的了。

第二十章　詩人與雪月花

詩人與自然　詩人底天職　雪底皎潔　月底淸光　花底濃艶　雪底文學　月底文學　花底文學

詩人與自然　樂於自然的詩人，雖能參天地愛萬物，但一般的詩人，却未必一一是其所愛的。像王羲之愛鵝而未必好鶴；林逋愛鶴而未必好鴻雁；王徽之愛竹而未必好松風；陶弘景愛松風而未必好芝蘭是。可是至於雪底皎潔，月底淸光，花底濃艶，是古來無論哪個莫不歡喜觀賞的。而月底詩比雪爲多；花底詩比月更多。在白居易底詩裏有說：『雪月花時最憶君；』是欲把雪月花底美與會心之友共愛了。在李東陽底詩話裏有說：『天文惟雪詩最多，花木唯梅詩最多；雪詩自唐人佳者已傳，不可僂數，梅詩尤多於雪。』是說雪底詩，比之於其他霜露：得算最多；但花底詩，在多數底花木中，唯梅之詩，其所作當比雪爲更多的吧。何况花木全體之作呢。可知比之於雪月底詩，而為更多的了。

詩人底天職　詩人底嗜好雪月花，未必卽為天下底閑人，是徒逞風流而超越於名利的俗世界的。在劇烈的生存競爭裏面，不但是有尚精神上底休養與慰安底必要，參天地侶神明與自然底萬象融和，實是詩人底天職，而為人生最有意義的。那末周敦頤不除牕前之草，而說「與自家意思一般，」不是看破生生之德，與天地人共通一貫的嗎？至於哲學者底意思，實可說與澈底的詩人底感情同歸。

雪底皎潔　雪底皎潔，能使連山曠野一夜而為白玉化，枯木開花，闇夜如白晝，變茅屋為瓊宮，化陋巷為瑤台，一望千里，但如劉冰，皎然的而無寸碧，卽寒却不至凍餓，所謂詩思甯在灞橋底風雪與驢背之上的。卽不乘高輿披鶴氅而為王恭，也當乘興訪戴安道而多為王子猷的呀。所以雪，無論貧富貴賤，一概的樂其美，而莫敢訴飢寒之苦的。且螢雪一語，是格外親善於雪，而指為讀書人靜妙地好伴侶。像唐李子卿底望終南春雪裏說：「餘輝儻可借，迴照讀書人；」就是。因雪是被看做平等無差別地衣被天地，粉飾萬物，澤百穀幷使豐年底祥瑞底東西。其降下來呢，霏霏的紛紛的如柳絮之飛，皚皚的瀌瀌的猶撒鹽一般。劉師道底詩裏說：『三千世界銀成色，十二樓臺玉作層；』是詠園林都開花樓台盡飾玉的雪中美景。所以古來敘雪之美的，或曰瑤華，或曰銀霰，或曰瓊英，或曰似鵝毛，或曰銀世界，或曰玉樓台，或比峯尖如玉筍，或比石圓像玉盤，或形容雪中奔車爲翻縞帶，或形容雪後馳馬爲散玉杯。張說底幽州新歲作裏說：『去歲荊南梅似雪，』是喻雪比做花底美的；『今年薊北雪如梅，』是喻花如雪底美了。又岑參底詩，說：『忽如一夜春風來，千樓萬樹梨花開；』是認雪爲梨花；元方回底詩，說：『何人醉眼西湖路，錯認楊花作雪飛；』是認楊花爲雪的了。其他如方回有說：『靜夜有窗皆貯月，寒空無樓不開花；』宋舒亶有說：『草木未香花事動，乾坤不夜月華新；』都不是把雪底美擬做月底光和花底色嗎？

月底清光　月底清光，是朗朗的爽涼裏面包含着崇高的美，而決不如峻烈性的皎日之赫赫，炫耀於人底眼目。淮南子裏說：『月之光可以遠望，而不可以細書；』是說月底光不峻烈，而最親易的。可是日月，是古來懸象底著明的東西。有說『日月代代照，』有說『居諸迭爲微，』或稱連璧，或叫重暉，或配于陰陽，或擬作水火，或比君臣男女。對日爲羣陽之精，以月爲衆陰之長。叫日爲太陽，爲炎精，爲曜靈，而爲人君之象；以月爲太陰，爲金精，爲陰靈，而爲后妃之象，或諸侯大臣之象。如韓愈底所謂『日君月妃』是。所以敍月底美，古來或稱玉兔，或叫玉蟾，或叫玉簾鈎，或叫冰輪，或叫冰鏡，或叫白銀盤，或叫金兔，或叫瑤蟾，或叫素娥；或稱滿月爲圓璧，或稱片月爲破鏡，纖纖的評如玉鈎，娟娟的擬作蛾眉，都是形容月底清光的。

花底濃艷　花底濃艷，是比雪衣皎潔，月底清光，更加美和芬芳。所以花一開天下爲之春；野草芳非，紅錦之地；人醉於酒，天醉於花，花底光若燃，白雲簇於樹梢，紅霞瀰漫。——對這個韶景，是任何人要花下忘歸，樽前勸醉的。「桃李無言，下自成蹊」底諺語，是說「內有德，効必見於外」底義。敍花底美，能有招引人底力量：「無聊地過的日子雖多，看着花來過春天的日子很少，」這歌眞是作者與風，表現愛花惜花，人情之微的。若人生無花，必感寂寞而覺悲哀了。「若世間沒有一些的櫻花，春之心將感靜寂了。」這歌是作者業平，告白愛花底心轉切，決不是欲追求心底靜寂的。所以古來把花底美，比之於美人底美：美人底容顏叫花顏，美人底唇，叫花唇，娼婦藝妓叫花娘，花娘所住底地方叫花街。如李白底詩，說：「後宮嬋妍多花顏，」梅堯臣底詩，說：『花娘十四能歌舞，』就是。何況劉希夷底詩，說：『洛陽女兒惜顏色，行逢落花長歎息』的呢。這是喻落花為容顏底衰的。所以人生無花感寂寞，是猶人間無女性而感孤寂一般。

雪底文學　雪底文學，在晉孫楚，宋謝惠連，北周劉璠有雪賦；晉庚肅之，羊孚，宋謝惠連，梁沈約有雪贊；朱鮑照，梁簡文帝，沈約，丘遲，任昉，庾肩吾，何遜，裴子野，陳徐陵，張正見，北周庾信，隋王衡有雪詩。其他唐宋底詩人，上官儀，駱賓王，李嶠，宋之問，沈銓期，李義，李適，張說，蘇頲，張九齡，李白，杜甫，王維，孟浩然，高適，岑參，韋應物，李頎，錢起，東方虬，韓愈，李商隱，李子卿，李損之，梅堯臣，王禹偁，徐鉉，王安石，蘇軾，陳師道，朱熹，方岳，葛長庚等，都詠過雪底美的。其中鮑照底詠白雪：「白珪誠自白，不如雪光妍；」丘遲底望雪：「悠忽銀臺構，俄頃玉樹生；」任昉底詩，說：「散葩似浮玉，飛英若總素；」何遜底詩，說：「凝階夜似月，拂樹曉疑春；」裴子野底「從雲合且散，因風卷復斜；拂草如連蝶，落樹似飛花；」王衛底「璧臺如始構，瑤樹似新栽；」李嶠底「拂樹添梅色，過樓助粉妍；」又「地疑明月夜，山似白雲朝；」宋之問底「不知庭霰今朝落，疑是林花昨夜開；」張說底「山如銀作蜑，宮見璧成台；」蘇頲底「苑花齊玉樹，池水作銀河；」李白底「海樹成陽春，江沙皓明月；」飄颻四荒外，想像千花發，瑤草生階墀，玉塵散庭闕；」李商隱底「有田皆種玉，無樹不開花；」又「梅花大庾嶺頭發，柳絮章台街裏飛；」徐鉉底「梅花嶺上連天白，蕙草堦前特地寒；」朱熹底『一夜同雲匝四山，曉來千里共漫漫；不應琪樹猶含凍，翻笑楊花許耐寒；」葛長庚底『一夜九天開玉闕，六花萬里散瓊英；』都是把雪底美比之於瓊玉，喻之於白銀，擬之於月光，又比之於梅花及楊花的呀。

月底文學　月底文學：在賦裏有宋周祇，謝靈運，謝莊，唐五冷然，陸贄，歐陽詹，趙蕃等作品。在詩裏有魏文帝，齊王融，梁簡文帝，元帝，沈約，虞義，庾肩吾，劉孝綽，陳張正見，北周王褒，庾信等作品。何況在唐宋以後底詩人：唐駱賓王，李白，杜甫，韋應物，白居易，劉禹錫，王灣，張子容，朱華，曹松，宋朱熹，元楊載，徐舫，于石，揭傒斯等，都莫不詠過月底美的呢。其中如元帝底望江中月影裏說：『秦鈎斷復接，和璧碎還聯；』虞義底詠秋月裏說：『初生似玉鈎，裁滿如圍扇；』張正見底詩，說：『分簾疑碎璧，隔幔似垂鈎；窗外光恆滿，帷中影暫流；』王褒底詩，說：『上弦如半璧，初魄似蛾眉；』庾信底詩，說：『山明疑有雪，岸白不關沙；』李白底『牀前明月光，疑是地上霜；』杜甫底『委波金不定，照席綺愈依，』王灣底『碎影行筵裏，搖花落酒中；』劉禹錫底『洞庭秋月生湖心，層波萬頃如鎔金；』張子容底『滿輪沈玉鏡，半魄落銀鉤；』朱華底『影開金鏡滿，輪抱玉臺清；』揭傒斯底『茅屋數家河畔郎，化作三山白銀闕；波平風靜棹歌來，萬頃冲融鏡面開；』徐舫底『雪影半窗能共白，梅花千樹只多香，』都能夠寫出月底清光的。又如白居易底『曉隨殘月行，夕與新月宿；誰謂月無情，千里遠相逐。』于石底『蕩搖水中月，水定光復圓；問水水不語，問月月不言。』李白底『人攀明月不可得，月行却與人相隨；今人不見古時月，今月曾經照古人；古人今人若流水，共看明月皆如此；』都是一種擬人法，不是把月看做有情有意的東西嗎？而曹松底詩，說：『無雲世界秋三五，共看蟾盤上海涯；直到天頭天盡處，不曾私照一人家。』這是詠月光底平等性的。

花底文學　關於花底文學，如桃李底穠華，梅底暗香疎影，梨底冷艷，牡丹底綺艷，海棠底幽姿，蓮底清新，菊底韻逸，都是詩人底好資料。其中如韓愈底詠李花詩，說：『當春天地爭奢華，洛陽園苑尤紛拏；誰將平地萬堆雪，翦刻作此連天花？』劉禹錫底詠桃花詩，說：『紫陌紅塵拂面來，無人不道看花回；元都觀裏桃千樹，盡是劉郎去後栽。』林逋底詠梅花詩，說：『疎影橫斜水清淺，暗香浮動月黃昏；』蘇軾底詠梨花詩，說：『冷艷不饒梅共色，靚妝長與月爲鄰；』皮日休底詠牡丹詩，說：『落盡殘紅始吐芳，佳石喚作百花王；競誇天下無雙艷，獨占人間第一香。』蘇軾底詠海棠詩，說：『自然富貴出天姿，不待金盤薦華屋；朱唇得酒暈生臉，翠袖捲紗紅映肉；林深霧暗曉光遲，日暖風輕春睡足，雨中有淚亦悽慘，月下無人更清寂。』都是詠花底美，而尤膾炙于人口的。

第二十一章 詩人與酒

酒底毒害與功德　對于酒底警戒　聖賢對于酒底禮讚　李白與孔融

酒中之仙　詩中之愁　忘憂之物　愛酒底團體與個人　酒底文學

酒底毒害與功德　酒果有毒害底嗎？對於有毒害底東西，古來怎稱酒為天底美祿呢？酒果有功德底嗎？對於有功德底東西，古來又怎稱酒為荒淫之源呢？王莽嘗以酒為百藥之長，而晉裴楷卻叫酒為「狂藥」的。

對於酒底警戒　大禹以酒為甘，因而疏造酒底儀狄。先王聖人，都是警戒酒底殘害的。但猶用於祭祀，用於冠婚，用於燕享：無論宮中底公讌，士大夫底招宴，庶民底會食，都要用酒的。酒實通於貴賤，無朝野之分，凡吉禮，凶禮，送別禮，養老禮，鄉射禮，國賓禮，諸侯會盟聘問之禮等，都莫不用酒。關於儀禮十七篇，及禮記四十九篇之中，不但敍飲酒底事，有許多地方　即在周禮，且設有酒正酒人之官。酒正是掌酒底政令的。酒人是執掌造酒的。但是古底聖主明君，對於酒常持戰兢的態度，恆以荒於酒為酒之弊；使亡國喪身敗德失儀，壞亂國風，墮落民俗。宜古人指酒醴有荒性之弊，酒肉有爛腸之害，醪醴有腐胃之毒的呀！所以禹恐因酒亡國，而疏儀狄，微子以紂沈酗於酒，憂它底前途，諫於父師少師而自出亡；武王酒公以彝酒崇飲，歎喪德喪邦，作酒誥而誡康叔；晉庾闡知任酒喪眞，自作斷酒之戒，推擊金罍並破碎玉椀；這些都不是看破酒爲毒害底物嗎？

對於酒底禮讚　但在詩人之筆，從推獎醉狂而頌酒德。一般的銜杯，不但算做人生底快事，且爲俗界底美化：把痛飲當做高尚；把泥醉而爲風雅；詩人底使命，在以爲能發揮醉狂美，放擲人事，愚弄世間底俗物。不能飲，是詩人底恥辱。至于被酒使酒，放肆而爲旁若無人的行動，當做英雄。如在萬葉集（按這爲日本底古詩集，）裏有說：

1. 賢シト，物イフヨリハ，酒飲ミチ，醉泣スルシ，マサリタハラシ。

（飲酒而醉泣的，當優於裝伶俐說話底人吧。）

2. 言ハムスベ，セムスベ知ラニ，極マリテ貴キモノハ，酒ニシ有ラシ。（貴極至于不可名狀的，唯酒了吧。）

3. ナカナカニ，人トアラズバ，酒壺ニ，ナリニテシガモ，酒ニシミナム。（與其願保長壽，毋寧爲酒壺而浸潤于酒。）

4. アナミニク，サカナシラサスト，酒ノマス，人サヨク見バ，猿ニカモ似ル。（唉！可憎的熟覩——扮做賢者而不飮酒——底人，好像猿呀！）

（把原詩譯其大意附註如上）

都是因襲中國詩人底風尙。所以古來或有不嗜酒的學者君子，但天下不能飮的詩人是沒有的。能飮的詩人，其數過多，難以一一枚舉，可是不能飮的詩人，其數過少，王安石以外，不得復見的了。

聖賢底酒　在詩經裏，所敍飮酒底事很多。小雅底楚茨裏說：『以爲酒食，以享以祀；』在信南山裏說：『祭以淸酒，從以騂牡；』這是指祭祀的酒。在小雅底鹿鳴裏說：『我有旨酒，以燕樂嘉賓之心；』在魚麗裏說：『君子有酒，旨且多，』

在南有嘉魚裏說：「君子有酒，嘉賓式燕以樂；」湛露裏說：「厭厭夜飲，不醉無歸；」在吉日裏說：『以御賓客，且以酌醴；』都是指燕享的酒。其他如在周南底卷耳裏說：「我姑酌彼金罍；」豳風底七月裏說：「爲此春酒，以介眉壽；」大雅底既醉裏說：「既醉以酒，既飽以德；」可知詩人都是怎樣地禮讚酒德的呀，三代底詩人已如是了，兩漢六朝底詩人，也何獨不然。何況唐宋明清底詩人呢！不但是詩人如此，道學先生也莫不如是。像邵雍說：「一杯美酒聊康濟，林下時時或自斟。」程顥說：『莫辭盞酒十分醉，祗恐風花一片飛。』楊時說：「酒可陶吾性，詩堪述所懷；」朱熹說：『杯深同醉極，嘯罷獨魂驚，』都是。何況漢魏底詩人——，傷死後底沒有榮名，却說：『使我有身後名，不如且飲一杯酒，』知道服藥求神仙，也是無益的事，所以說：「不如飲美酒，被服紈與素，」的呢。傳說堯千鍾，舜百觚。孔子以「唯酒無量不及亂」爲程度，顏回樂於一瓢之飲。李白在月下獨酌裏，以爲：天若有酒星，天也愛酒；地若有酒泉，地也愛酒；天地既愛酒，愛酒的不愧於天地，聖人賢人都要飲，三杯通大道，一斗合自然；酒中之趣，只醉者能知，醒者所不會瞭解的。這不但是他一人底理想，也是他們底飲友們——飲中八仙——底理想。這理想不獨始於唐代，遠起於漢魏之際。試以月下獨酌，與孔融底難曹公禁酒表一對照，便思過半了。

天若不愛酒，酒星不在天；地若不愛酒，地應無酒泉；天地既愛酒，愛酒不愧天。已聞清比聖，復道濁如賢，賢聖既已飲，何必求神仙？三盃通大道，一斗合自然；但得醉中趣，勿爲醒者傳。（李白，月下獨酌，）

公當初來，邦人咸抃舞踴躍，以望我后；亦既至，止酒禁施行。酒之爲德久矣，古先哲王，類帝禋宗，和神定人，以濟萬國，非酒莫以也。故，天垂酒星之曜，地列酒泉之郡，人著旨酒之德。堯非千鍾，無以建太平；孔非百觚，無以堪上聖；樊噲能戹鴻門，非彘肩卮酒，無以奮其怒；趙之廝養，東迎其王，非引卮酒，無以激其氣；高祖非醉斬白蛇，無以暢其靈；景帝非醉幸唐姬，無以開中興；袁盎非醇醪之力，無以脫其命；定國非酣飲一斛，無以決其法。故酈生以「高陽酒徒，」著功於漢，屈原不餔糟歠醨，取困于楚。由是觀之，酒何負於治者哉，（孔融，難曹公禁酒表，）

李白與孔融　在李白詩中，有天底酒星與地底酒泉底假設，他說：『天若不愛酒，酒星不在天；地若不愛酒，地應無酒泉；』這是以孔融底『天垂酒星之曜，地列酒泉之郡；』二句為胚胎的了。孔融是孔子底後裔，建安七子中，特以氣節名的。他原非作酒德頌底劉伶，醉鄉記底王績，一斗百篇自稱酒中仙底李白可比倫的。但他引帝堯，孔子，樊噲，趙底廝養，漢底高祖，景帝，袁盎，定國，酈生，頌讚酒德，是要故意嘲弄曹操，而欲反對他底「禁酒令」。且他底所謂堯底千鍾，孔底百觚，固非事實，可是在當時有如這樣的傳說。魏文帝也嘗說：

蓋聞千鍾百觚，堯舜之飲也；惟酒無量，仲尼之飲也；姬旦酒肴不徹，故能制禮作樂；漢高婆娑巨醉，故能斬蛇鞠旅；

卽可知了。孔叢子也說：

昔有遺諺：堯舜千鍾，孔子百觚，子路嗑嗑尚飲百榼，古之賢聖，無不能飲。

是飲酒不但不愧於天地，且上不愧於堯舜，下不怍於孔顏了。

又李白詩中底『已聞淸比聖，復道濁如賢；賢聖旣已飲，何必求神仙？』四句，是襲用魏略及魏志底故事：

太祖禁酒而人竊飲之，故難言酒；以濁酒爲賢者，淸酒爲聖人；（魏略）

徐邈爲尚書郎時禁酒，而邈私飲，至於沈醉。校事趙達問以曹事。邈曰中聖人。達曰太祖，由是得罪；後文帝幸許昌，見邈問曰：「頗復中聖人否？」（魏志，）

萬葉集底：

酒，名サハ聖トオホセシ，古ノ大支聖ス言ノヨロシサ

（古大聖稱酒爲聖人，這是名言啊！）

（右爲原詩大意）

也是繼承魏晉以後底中國思想的。

酒中之仙　顧李白爲詩中之仙以外，更以酒中之仙自任。如他底贈內底詩裏說：『三百六十日，日日醉如泥；雖爲李白婦，何異太常妻；』他不但過每日泥醉之中於一年三百六十日，他把一生涯六十四年，也送在每年泥醉之中的。所以他底集中，關於酒底文字很多，確是事實。他不但在樂府裏，要求一飲三百杯，即在游宴登覽之作，也希求百年三萬六千日，一日須傾三百杯；在贈答唱酬之作裏，也主張詩賦萬言，不値一杯底酒；在送別之作裏，欲縱酒盡歡；在留別之作裏，欲舉杯消愁；其他無論在行旅時，閑暇時，宮庭時，放浪於江湖時，無日無夜，不問寢寐，常期圖傾金罍而酌美酒的。因一有酒了，在客中即不知客愁。這是酒仙底特

徵。『但使主人能醉客，不知何處是他鄉；』二句，卽是他底眞誠話。試繙他底集中：關於詩底一部分，一誦將進酒，襄陽歌，江上吟，月下獨酌四首，春日醉起言志，對酒，客中作；又關於他文底一部分，若一談春夜宴桃李園序，就可知他是詩仙與酒仙兼備，幷如何能發揮醉狂美的了。杜甫底飲中八仙歌，評李白說：『李白一斗詩百篇，長安市上酒家眠；天子呼來不上船，自稱臣是酒中仙。』庶幾能描出謫仙底眞相。

詩人之愁　試察詩人與酒底因緣，已如第四章所述。中國底文學者，約莫概屬失敗的政客，佢們雖經世絕望，但胸中猶有不平的鬱勃，這是詩人底共通性。何況對於濟世安民尙有一縷之望的呢。詩人之愁，欲忘而不能忘。詩人底淚，欲揮而不能揮。所以關於詩人底愁，不但在古人底詩裏有說：『誰知一寸心，乃有萬斛愁。』而魏武底短歌行裏有說：『憂從中來，不可斷續；』魏文底善哉行裏有說：『憂來無方，人莫之知，』韋莊底愁詩有說：『避愁愁又至，愁事事難忘；』陸游底春愁曲裏說：『伏羲至今三十餘萬歲，春愁日日常相似；外大瀛海環九州，無有一州無此愁。』又關於詩人底淚，如在王粲底詩裏有說：『客子多悲傷：淚下不可收；』潘岳底詩裏說：『涕淚應情隕；』江淹底詩裏說：『客子淚已零；』杜甫底詩，說：『近淚無乾土；』李白底詩，說：『淚盡日南珠；』劉禹錫底詩，說：『巴人淚應猿聲落；』賈島底詩，說：『淚落故山遠；』盧仝底詩，說：『黃金礦裏鑄出相思淚；』何景明底詩，說：『笛裏三年淚；』李夢陽底詩，說：『萬古關山淚；』都是。古來詩人之愁，有比喻於山的：像杜甫底詩，說：『憂端齊終南，澒洞不可掇；』李羣玉底詩，說：『窮愁重於山，終年壓人頭；』趙瑕底詩，說，『夕陽樓上山重疊，未抵春愁一倍多；』是。又詩人之愁，有比喻於水的：像謝朓底詩，說：『大江日夜流，客心悲未央；』李白底詩，說：『請君試問東流水，別意與之誰短長？』李羣玉底詩，說：『請量東海水，看取淺深愁。』李後主底詞，說：『問君都有幾多愁，恰似一江春水向東流；』是。其他漢魏六朝底詩人，敍愁思的也不少：漢張衡底四愁詩，魏曹植底敍愁賦，愁思賦，九愁賦，釋愁文，繁欽底愁思賦，弭愁賦，梁簡文帝底序愁賦，周庾信底愁賦等皆是。

忘憂之物　想對於詩人愁底大小與詩人淚底多少，未必是相同的。或憂君國，或怨不遇，或懷妻子，或哀人生底生老病死，但們對於這，或假酒以銷愁，或託醉而忘不平。如魏武底短歌行說：『何以解憂？惟有杜康；』李白底將進酒說：『五花馬，千金裘，呼兒將出換美酒，與爾同銷萬古愁。』又宣州謝脁樓餞別之詩說：『抽刀斬水水更流，舉杯銷愁愁復愁；』陸游底對酒絕句說：『温如春色爽如秋，一榼燈前自獻酬；百萬愁魔降未得，故應用爾作戈矛。』楊萬里底生酒歌說：『先生一醉萬事已，那知身在塵埃裏？』是。——所以古來稱酒爲忘憂之物了。——如陶淵明底飲酒裏說：『泛此忘憂物，遠我遺世情。』便是。

愛酒底團體與個人　古來詩人團體的愛酒的，魏有七賢，晉有八伯，唐有六逸，有八仙，都是很著名的。所謂七賢：就是以阮籍稽康爲中心，並山濤，王戎，阮咸，向秀，劉伶等七人，謂託於酒而欲破壞禮法的。所謂八伯卽指阮放，郗鑒，胡母輔之，卞壼，蔡謨，阮孚，劉綏，羊曼八人，這是好酒而肆於任達的。所謂六逸與八仙，都是以李白爲中心，孔巢父，韓準，裴政，張叔明，陶沔之外，加以李白，卽稱「竹溪六逸；」賀知章，汝陽王璡，李適之，崔宗之，蘇晉，張旭，焦遂之外，加以李白，卽稱爲「飲中八仙。」就中劉伶底酒德頌，能代表七賢底意嚮，杜甫底飲中八仙歌，能躍如的寫出酒仙底面目。其他個人底嗜酒的：如漢揚雄以其家貧嗜酒，於是有好事者，載酒而問奇字；蔡邕醉臥路上，綽號曰「醉龍；」盧植能飲一石不醉；陶淵明有酒輒與客飲，己則先醉，我醉而眠，卿可自去云云；又嘗自取頭上葛巾以漉酒，畢復加葛巾於頭上；宋顏延之好騎馬遨遊，遇舊知輒據鞍索酒，得酒輒必盡飲，意氣自若；孔覬使酒，一月二十九日醉，被評爲勝於世人二十九日醒；梁陳宣耽酒，有說：『吾平生所願，身沒之後，題吾墓曰：「陳故酒徒陳君之神道」。』唐王績日被給酒一斗，自號「斗酒學士，」遂著醉鄉記；白居易作勸酒詩，有說：『勸君一杯君莫辭，勸君兩杯君莫疑，勸君三杯君始知；面上今日老昨日，心中醉時勝醒時；天地迢迢自長久，白兔赤烏相趨走；身後堆金拄北斗，不如生前一杯，』歐陽修盛年之時能飲百盞，還常被困于張安道；梅聖俞也能飲百許盞，醉即又高手而彌温敬的；皆是。

酒底文學 次之，論酒底文學，當以尙書底酒誥，首論酒底弊害；晉庾闡也作過斷酒戒，論酒底毒害。而從毛詩底大雅，小雅及國風裏，方推獎酒底功德。自後漢鄒陽，揚雄底酒賦，魏曹植，王粲底酒賦，及劉伶底酒德頌，晉張載底靈酒賦，江統底酒誥，袁山松底酒賦，陶淵明底飲酒二十首，戴逵底酒讚，唐皇甫湜底醉賦，白居易底酒功讚等都是禮讚酒底功德的。載在萬葉集裏底大伴旅人底讚酒歌十三首，明明是因襲六朝詩人底思潮的。

第二十二章　詩人與美人

百年之友　美人底映畫　女性美　天質的美與裝飾的美　詩人底戀愛

百年之友　若詩人也是人呢，那末詩人也要好美好色，這也是做人當然的事情。尤其是對於敏於感情底詩人，不希求以倫理的解決人生底詩人，人事不如意而常藏不平於胸中底詩人，由酒忘憂由妓助興底詩人，因之要求爲百年之友——伉儷——的美人，藉此以慰人生底孤寂，以忘苦悶，戰勝悲傷和憂愁，這也是古今人情底常態，敢不足怪的吧。即好色一端，也未必只是英雄。「食色性也；」「飲食男女，人之大慾存焉；」在李白底詩裏，多見酒與美人，也是爲這。我將不怪爲詩人的李白底集中，酒與美人底多。反之王安石之有詩人底資格與否，倒要疑難了。

美人底映畫　古之詩人：宋玉有神女賦及登徒子好色賦，司馬相如有美人賦，曹植有洛神賦，陶淵明有閑情賦，謝靈運有江妃賦，沈約有麗人賦，江淹有麗色賦，都莫不以美人爲對象的。且古樂府裏底陌上桑，羽林郎，合歡詩，定情篇，同聲歌，美女篇，麗人行，相逢行，攜手曲是描寫戀愛美的；即從軍行，飮馬長城窟行，築城曲，塞下曲，公子行，少年行，游子吟諸作，背面也多以美人爲映畫的。

女性美　詩人底所謂美人，未必是只指女性美。如詩經底北邶裏所說底「西方美人，」是指西周底賢者；屈原離騷裏所說底「美人，」是指楚懷王；九歌裏所說底「滿堂兮美人，」是喻善人；又「送美人兮南浦，」是自喻；蘇軾底前赤壁賦，『望美人兮天一方』是指天子。但是曹植詩裏：『有一美人，被服纖羅；』劉孝綽詩，說：『美人要雜佩，上客誘明璫；』李白底詩，說：『美人捲珠簾，深坐顰蛾眉；』其他像司馬相如之賦有美人賦，昭明太子底詩有美人晨妝詩，庾肩吾有詠美人看畫圖詩，何思澄有南苑逢美人詩，梁鍠有觀美人臥詩，都莫不實在地指女性美的。

天質的美與粧飾的美　且詩經裏有說『有女如玉，』又『有女同車，顏如蕣花，』這明明是形容女性美的。何況關於形容「碩人之美，」有說：『手如柔荑，膚如凝脂，頸如蝤蠐，齒如瓠犀，螓首蛾眉，巧笑倩兮，美目盼兮，』這個舖敍美人底嬌態媚容，是宋玉以後詩人所盛行摸寫的。如宋玉底登徒子好色賦裏有說：『眉如翠羽，肌如白雪，腰如束素，齒如含貝；』劉楨底魯都賦裏有說：『蛾眉清眸，顏若濡霜，含丹吮素，巧笑妍詳；』都是。何況又在楚辭底招魂裏，姱容修態，敍洞房之美；大招裏，朱唇皓齒，蛾眉明眸，形容其佳麗；宋玉底神女賦裏有說：『瓌姿瑋態，始來也耀乎若白日初出照屋梁，其少進也皎兮若明月舒其光；須臾之間，美貌橫生，曄兮如華，温乎如瑩，五色竝馳，不可彈形；』可謂盡情地善指美人底天質美與粧飾美了。而漢魏以後底詩人，多能描寫美人之美的。古詩十九首裏說『燕趙多佳人，美者顏如玉；』曹植底洛神賦裏有說：『肩若削成，腰如約素，芳澤無加，鉛華勿御，雲髻峨峨，修眉聯娟，丹唇外朗，皓齒內鮮，明眸善睞，靨輔承權，瓌姿豔逸，儀靜體閒，柔情綽態，媚於語言；』陸機底艷歌行裏有說：『美目揚玉澤，蛾眉象翠翰，解膚一何潤，秀色若可餐。』傅玄底詩說：『蛾眉若雙翠，明眸發清揚，丹唇翳皓齒，秀顏若珪璋；令儀希世出，無乃古毛嬙。』這都是形容美人底天質美的。古樂府底陌上桑裏說：『頭上倭墮髻，耳中明月珠，緗綺為下裙，紫綺為上襦；』羽林郎裏有說：『長裙連理帶，廣袖合歡襦，頭上藍田玉，耳後大秦珠，兩鬟何窈窕，一世良所無；一鬟五百萬，兩鬟千萬餘；』為焦仲卿妻作裏有說：『足下躡絲履，頭上玳瑁光，腰若流紈素，耳著明月璫；指如削葱根，口如含珠丹；』曹植底美女篇裏有說，『攘袖見素手，皓腕約金環，頭上金爵釵；腰佩翠琅玕，明珠交玉體，珊瑚間木難；羅衣何飄颻，輕裾隨風還，顧盼遺光彩，長嘯氣如蘭，」傅玄底詩說：「首帶金武搖，耳繫明月璫，珠環約素腕，翠羽垂鮮光；」這都是形容美人底粧飾美的。

詩人底戀愛　詩人原非木強漢，對於美有理解有情味如此。可是一切的詩人，未必只要求百年底享樂，於蛾眉明眸的美人。顧莫不好色，但有欲好而不能。這爲什麼呢？因詩人大概爲政治界底落伍者，富貴寵祿對於己身早已絕望，不但欲起握天下之權爲不可能，卽醉枕美人底膝，亦不可能。所以詩人底戀愛，槪發於夫妻別居之際，孤閨空衾，只不過望風對月於山河，互寄相思之情而已。如司馬相如與卓文君攜手夜奔，崔顥娶妻擇美，稍不愜意，棄而復娶，遂易妻至三四，破倫與破廉恥，這爲多數詩人之所顰蹙的。如曹丕所愛幸底美人，有莫瓊樓，薛夜來，田倘衣，段巧笑四人，日夕侍側，這乃是爲帝王的文帝底享樂，並不是詩人曹子桓底生活狀態。當時帝底詩友，鄴下七子，都不能體驗這個歡樂的。帝雖也常同情於七子，可是不能分其享樂。是詩人對於美人恬澹寡欲，天性莫不好色，只因無可滿足好色的情欲底物質上底餘裕。但是至於英雄，功成名遂，且無何等忌憚，大行不顧細謹，怙負氣槩；沒幾許的餘命，務必遂之於歡樂，赤裸裸的發揮本能，後宮底佳麗三千人，乃是他得意的絕頂。這不是古來好色之稱，獨歸於英雄底緣故吧？所以不但亡國之際，有美人底潛在，即與國底英主底黑幕裏，也常有美人底活躍哩。如夏桀有妹喜，殷紂有妲己，周幽王有褒姒，晉獻公有驪姬，項羽有虞美人，漢武帝有李夫人，後漢光武有陰麗華，唐高宗有武后，玄宗有楊貴妃都是。是古之美人，概歸富貴的專有，而不爲詩人才子底好逑。所以「美人薄命」一語，是俱同情於不得嘉耦底人。但唐蔣防底霍小玉傳，及明湯顯祖底紫釵記，是寫詩人李益與霍小玉底相思的；唐許堯佐底章台柳傳，是描出詩人韓翊與柳氏底情愛的；元柯丹丘底荊釵記，是敍王十朋與錢玉蓮底愛情；清李漁底意中緣，是寫陳眉公與林天素底風流韻事；孔尚任底桃花扇，是敍侯方域與李香君底戀愛關係：若把這一切都看做事實，那末詩人庶幾也有幾分的豔福吧。

国家出版基金项目
NATIONAL PUBLICATION FOUNDATION

中國文學概論

（下）

[日]兒島獻吉郎◎著
胡行之◎譯

山西出版傳媒集團
山西人民出版社

中国大字典奇(一)

第三篇　形式論

第二十三章　形式區別

形式上底三種區別　韻文散文及其境界　形式上底三要件　律語卽駢文　古文底聲律

形式上底三種區別　文學從形式上大別之，得爲韻文散文二種。更把韻文細別起來，得爲諸諺，箴銘，頌贊，哀弔，祝祭，詩歌，賦騷，連珠，詩餘九類；參考支那文學考，第二篇，第一章，（按支那文學考也是日文本，兒島獻吉郎著。）散文得細別爲論辨，序記，詔令，奏疏，題跋，書牘，碑碣七類。參考支那文學考，第一篇，第三章，第四章，韻文底類別，由句法爲主，旁斟酌韻文底性質以及目的；至於散文底類別，則概着眼於文章底體制。而我現在主張韻文散文底區別以外，覺有另樹駢文或律語一種目底必要。

韻文與散文底境界　韻文原來是以押韻爲主要條件的；且句法以聲律底調和爲目的的。如近體詩有二四不同，二六對底制限，古體詩也有唱古詩平仄論的便是。但散文決不如是。這就文學上底形式，便生韻文散文名目底所以了。可是秦漢以前底散文，也常諧韻。書經，易經，論語，禮記，管子，老子，莊子，荀子，韓非子爲首，參考支那文學考，第一篇，第十七章，爾雅，急就篇，弟子職等，也莫不皆然。參考支那文學考，第一篇，第三十三章，後世揚雄底解嘲，韓愈底進學解，有押韻底地方，是仿擬六經諸子底押韻的；梁周興嗣底千文文，是仿擬急就篇的。

形式上底三要件　文學上底形式，不單是指目可見的字法句法，還包含耳可以聞的聲律上底法式。古來文章家，尊重字句上底法式，同時幷重視聲律上底法式，這不獨先秦底作家爲然，唐宋底作家也一樣的。如韓愈底答李翊書裏有說：『言之短長與聲之高下皆宜。』蘇軾底議學校貢舉劄子裏說：『近世士人，其爲文也無規矩準繩，故學之易成，無聲病對偶，故考之難精；』皆是。散文都如是，況韻文嗎？所以明李東陽底麓堂詩話有說：『詩必有具眼，亦必有具耳，眼主格，耳主聲；』又說：『古律詩各有音節，然皆限於字數，求之不難。唯樂府長短句，初無定數，最難調疊；然亦有自然之聲，古所謂「聲依永」者謂有長短之節，非徒「永」也。故隨其長短，皆可以播之律呂。』是文學從形式上觀察起來，有三要件：一、聲律，卽韓愈底所謂「聲底高下，」蘇軾底所謂「聲病」是也。二、蘇軾底所謂「對偶」是也。三、爲篇章字句之法，退之底所謂「言之短長，」東坡底所謂「規矩準繩」是也。聲律是韻文底要件，對偶也是詩歌底要件；至於篇法，章法，句法，字法，是詩人文章家所共稱道，爲詩文關鍵底所在。所以我一面雖主張詩文同軌，一面却主張詩文殊塗了。

律語卽駢文　但是我現在所以要在韻文散文以外，另樹一種駢文或律語底目底緣故，是因四六駢儷之文，爲古文底變體，在或點上有接近於詩底所在。原來散文底稱呼，本非和韻文相對而起，乃是爲區別駢文而起來的。猶如句法中單句之稱，是對於對句而起的。山縣周南底作文初問裏有說，「散文是對於四六對偶之文而言，」這不是把駢文置之於散文底圈外嗎？顧四六文以對偶爲第一條件，且如慣用隔句對，當句對，這不但是在句法上有四字句，六字句底制限，又有一種平仄法加味在內，既不是純粹散文，也不是完全韻文了。似文非文，似詩非詩。介於韻文散文之間，有不卽不離的關繫，乃不得不稱之爲律語或駢文了。所謂律語，是說文章要有聲律的。所謂駢文，是說句子要有對偶的。是四六文，是爲文學底兩性兩屬底中間性，比之於散文，多些韻文底價値，比之於韻文，則多散文底形式。所以在韻文散文之外，使駢文獨立，稱之爲律語，也是出於不得已的啊。

古文底聲律　可是古文也很重聲律的。已如前節所述：不但如韓愈底所謂「言之短長，聲之高下，」蘇軾底所謂「聲病對偶，」都重視聲律；朱熹也稱韓愈及蘇洵之文，有說：『韓退之蘇明允作文，只是學古人聲響，盡一生死力爲之，必成而成止。』雖然不止韓愈蘇洵爲然；卽歷代辰古文家，也莫不如此。但稱古文爲散文，而只把四六文稱爲律語，這猶歷代底古詩，都有一定的聲律，獨稱沈宋以後底近體詩爲律詩一樣的。

第二十四章　詩文底同軌

經學與文學與詩　詩文發生底前後　押韻底文　無韻底詩　韻文與散文底混同　詩書易三經之文　必也正名乎　文底名稱　詩文兼善之士

經學與文章與詩　學者未必是文章家，文章家未必是詩人，詩人原非是學者，在今日是三分學界而爲各各專門的分業；今反唱詩文同軌，恐遭時代錯誤之嫌吧。但是經學與文章底分離，爲東漢以後訓詁學者底餘弊，西漢以前，未必如是。何況對於詩與文章底分離，是始於戰國之際，爲了產生專門的文章家；春秋以前，未必如此。我現在想要追溯三代底古時，而主張詩文爲同軌的。

詩文發生底前後　要說明詩文底同軌，當先論詩文發生底前後。詩歌先出，文章後出，詩歌爲兄，文章爲弟，這可以斷言的。尚書底二典三謨，雖稱虞書，但決非虞史之文，實爲夏史之筆；「曰若稽古」四字，已可證明了。在益稷謨裏載舜與皋陶底唱和之作，這是虞朝唯一底詩歌。又在淮南子載堯戒有說：

戰戰栗栗，日謹一日，人莫躓於山，而躓於垤。

這是唐朝唯一的韻文。在唐虞之朝，堯自作戒；舜自作歌，原在夏史底二典三謨之作以前，但仍不能推定詩文發生底前後。爲什麼呢？因在堯舜時代，對於虞史之筆所作的散文，決不能算做絕無的。

「詩言志」一言，四千年前爲詩底定義，是舜所提唱的。但是言志的，非獨詩，無論言語，文章，都同足以言志的。所謂志者，是牽及智情意三方面，發露自己底思想感情的；「志」實爲發言語，生詩歌，產文章底母。若論言語與詩歌文章底關係，可說言語先有，詩歌文章後產；若論詩歌與文章底關係，那末當說詩歌爲兄，文章爲弟。爲什麽呢？言語底發生，在文字製作以前，文字乃是爲補足言語底功用，——限於近而不及於遠，只有一時性而無恆久性——而製作的。所以言語底發生，未必待文字，詩歌文章，却由文字始成形體。這就是我說言語先有，文章後生底所以了。而所謂「詩言志」「歌永言」者，因太古草創時代底詩歌，爲言語底一種，未必需要文字；若旣有了言語，輒有詩歌，在未有文字以前，幷不是沒有詩歌的；詩歌底本質，半屬言語；至於文章，若離開文字，是決不會產生的。這就是我以詩歌爲兄文章爲弟底所以了。

押韻的文　把詩與文從形式上區別起來，有韻的爲詩，無韻的爲文，說來雖很簡單，但韻文有時常用散文底句調的。稱這爲押韻底文，卽「散文的詩歌」底意義，如韓愈之詩是。所以宋惠洪底冷齋詩話裏，有「沈存中，呂惠卿，王存，李常在館中，夜談詩，存中曰：「退之之詩，押韻之文耳，雖健美富贍，然終非詩；」之說。

無韻的詩　又散文有時有用韻文底句調的。稱這爲無韻底詩，因有「韻文的文章」底意義，如司馬相如之文是。六朝駢儷之文，原屬這種。宋陳善底捫蝨新話中有說：「文中有詩，詩中有文；文中有詩，則語句精確，詩中有文，則詞調流暢；」明謝榛底四溟詩話裏引武元康之說，稱李斯上秦皇帝書爲文中有詩，稱杜甫底北征爲詩中有文，他說：「文有聲律皆似詩，詩不粗鄙皆是文，」又引杜約夫之說：「六朝文中有詩，宋朝詩中有文。」

韻文與散文底混同　試追溯秦漢以前底詩文，周詩三百篇，原爲韻文。如一章之中，有二三句不押韻的，小雅底「瞻彼洛矣」之類是。一篇之中有二三章不押韻的，如大雅思齊篇底第四章第五章是。或有全篇不押韻的，如周頌底淸廟，維天之命，昊天有成命，時邁，武諸篇是。又六經諸子原爲散文。但是周易底彖，象，文言，雜卦，尚書底大禹謨，伊訓，太誓，洪範，禮記底曲禮，禮運，樂記，中庸等，不但有押韻底所在，卽論，孟，老，莊，荀，韓底二經四子，也時有押韻的。

詩書易三經底文　宋陳騤底文則裏有說。『易文有似詩者，詩文有似書者，』

引易底中孚九二：

鳴鶴在陰，其子和之，我有好爵，吾與爾靡之。

若把這入於詩中，孰辯別得出這是易底辭呢？又引詩底抑二章裏：

其在於今，興迷亂於政，顚覆厥德，荒湛於酒，女雖湛樂從，弗念厥紹，罔敷求先王克其明刑。

若入於書中，誰能辯別出這是詩辭呢？明王世貞底藝苑巵言裏也有說：『詩中有書，書中有詩。』引詩中裏——

齊侯之子，平王之孫，威儀棣棣，不可選也，父母之言，亦可畏也，天實為之，謂之何哉？中冓之言，不可道也，送我乎淇之上矣，大夫夙退，毋使君勞，反是不思，亦已焉哉；匪報也，永以為好也，知我者謂我心憂，不知我者，謂我何求？心之憂矣，其誰知之？他山之石，可以攻玉，皇父卿士，家伯冢宰，仲允膳夫，棸子內史，發言盈庭，誰敢執其咎？如匪行邁謀，是用不得於道，心之憂矣，云如之何？或出入諷議，或靡事不為，成王之孚，下士之式，文王曰咨，咨女殷商，而秉義類；白圭之玷，尚可磨也，斯言之玷，不可為也，於乎不顯，文王之德之純，學有緝熙於光明，至於文武，纘太五之緒。

倘把這些入於書中，誰能辯別出這是詩底語呢？又引書中——

日中星鳥，以殷仲春，蕩蕩懷山襄陵；浩浩滔天，明試以功，車服以庸；無怠無荒，四夷來王；任賢勿貳，去邪勿疑，疑謀勿成；百志惟熙，四海困窮，天祿永終；朕志先定，詢謀僉同，鬼神其依，龜筮協從；百僚師師，百工惟時，臣哉鄰哉，鄰哉臣哉！火炎崑岡，玉石俱焚；佑賢輔德，顯忠遂良；兼弱攻昧，取亂侮亡；推亡固存，邦乃其昌：聖謨洋洋，嘉言孔新，惟上帝不常，作善降之百祥，作不善降之百殃。惟天無親，克敬惟親；民罔常懷，懷於有仁；一人元良，萬邦以貞；厥德靡常，九有以亡：若作和羹，爾惟鹽梅；我武惟揚，侵於之疆；取彼凶殘，殺伐用張，於湯有光。

倘把這些加入於詩中，誰能辯別出這是書底語呢？

必也正名乎　關於押韻底文說來，如前述底，「散文的詩歌」意義以外，生第二的意義；關於無韻底文說來，也如前述底「韻文的文章」意義以外，生第二的意義。即前述底押韻之文，雖是如韓愈底詩，爲「散文的詩歌」底意義；但更指「散文而押韻的」底易，書，禮以下底經史之文。無韻底詩，雖是如六朝駢儷之文，爲

「韻文的文章」底意義；但更指「韻文而不押韻的」底大雅及周頌之詩。

文底名稱　詩文底區別，如知道不應徒就形式上底有韻無韻，那末詩文同軌，就不辯而自明了。所以關於唐以前文這個名詞，未必只限於散文，是韻文散文之所共通的。不止是晉陸機底文賦，並敍韻文與散文，即如梁蕭統底文選，也網羅韻文散文底諸體。這非獨文一字而言，文章的名稱也是如此。摯虞底文章流別，任昉底文章緣起等，都是包容詩文的。文或文章底名稱，若知道是韻文散文底併稱，便可知當時的思想，比之於詩文分離的後世底思想，已暗容認詩文底同軌了。

詩文兼善之士　試就漢以後底詩人，文章家，欲求詩文兼善之士：那末當推——享詩人不朽之名的，曾做過鵩賦，弔屈原賦底賈誼；一面且做了，治安策及過秦論，爲揚萬丈的光焰底文章家。發揮詩人底工技，做過羽獵賦及長楊賦底揚雄；一面且爲大玄，法言及解嘲底學者并文章家。負一世重望作兩都賦底詩人班固，且爲文章家成漢書百篇，作詠懷詩八十二首，開陳子昂唐詩革新之端底阮籍，且爲達莊論及大人先生傳示文章家底資格。爲太康文學之英，患多才的陸機，對詩賦，連珠，誄，頌，箴，銘，弔文，哀辭以外，並作論，序，表，傳底散文。立四聲八病之說，發揚永明文學底特色底沈約，且撰晉書百十卷，宋書百卷，齊紀二十卷，高祖紀十四卷。降及唐宋，在唐宋詩醇裏有大詩人底價値，算最高古的韓愈及蘇軾，一面且有大文章家底資格，唐宋八家文之所由定。其他宋歐陽修，王安石，朱熹，金元好問，明王守仁等，也都詩文兼善的。

第二十五章　詩文殊塗

本支清濁未必一致　詩文各有特長　文中有以感情爲本位的　兼修毋寧專修

本支清濁未必一致　詩文底同軌，已如前章所述。而現在翻說詩文底殊塗，不是有好辯喜詭之嫌嗎？但如同軌底車，若東西殊塗而背馳，兩者底間隔，便日遠一日了。同源底詩文，倘亦一度分歧，那末本流支流底清濁也未必能一致。——卽分歧以後再行混合的話。

詩文各有特長　提倡詩文底同軌，因詩文底起源，同在於理智感情的。而主張詩文底殊塗，是認二者底性質，形式，及目的，有多少的差異。例如就性質方面說，文章與其說是感情，毋甯說是以理智爲主要素；但詩，與其說是理智，毋甯說是以感情爲主要素。所以文章以學識爲主，幷尙議論；但詩以常識爲主，幷尙敘述。就形式方面說，文章與其說重句法，甯重篇法，因文章底句法，未必要求聲律對偶；但詩與其說重篇法，甯重句法，因詩底句法，以聲律對偶爲最必要的條件。所以文章是散句比對句爲主，與其聲響底整修，甯尙氣力底充實。但詩，格調底諧和，與神韻底縹渺，則同一重視。就目的方面說，文章爲形底文學，目底文學，以得人底理解爲主目的；但詩是聲底文學，耳底文學，以得人底同情爲主目的的。所以文章雖要熟讀玩味，而詩更要高歌長吟。這是我們主張詩文殊塗底所以了。

文中有以感情爲本位的　但是文中並不是沒有感情本位底作品，卽如諸葛亮底出師表，李密底陳情表，韓愈底祭十二郎文，都是能得天下後世底人底同情，猶詩中之有理智本位作品，卽如漢樂府裏底君子行，足垂百世的規戒。所以卽在以理智爲主要素底文章，也不可把感情除外；卽未必要求聲律對偶底文章，也還要疾聲大呼聲響底緊要；卽以人底理解爲主目的底文章，也要以得人底同情爲目的的。這就是我們在前章提倡詩文同軌底所以了。

兼修毋甯專修　在前章說明詩文同軌，雖列舉詩文兼善底幾多文學者，但古來多數的文學的，是專門的分担詩文。因人之天分有限，人底壽命也有涯，那末既不能得到兼修，何如專修之爲利？所以司馬相如竭全力於詩賦，而以文章爲餘業；司馬遷注熱血於文章，而以詩爲小技；這是在文學上兩司馬底技倆及地位，比之於詩善詩賦文章底班固，能出一頭地底所以了。謝眺善詩而無文名；任昉善文而無詩名；這是詩文兼修底沈約，在詩遜於謝眺，在文下於任昉底所以了。方望溪專修文章；王阮亭專攻於詩；這是以詩文兼善自任，罵倒一代正宗才力薄弱底袁隨園，在文對望溪退避三舍，在詩瞠乎阮亭之後底所以了。追逐二兔，不獲一兔。兼修的工巧，竟不能上追於專修底程度，畢竟因限於天分，盡於人壽的吧。溫庭筠李商隱底優劣，實亦因此。所以王士禛有評：『溫李齊名，然溫實不及李，李不作詞，而溫爲花間鼻祖，豈亦同能不如獨勝之意邪?!』詩詞底兼修已若是了，何況詩文底兼修呢？

第二十六章　句法

字句篇章　共通與特殊　騷底句法　四言句法　五言句法　七言句

法　長短句法　一言與二言　三言詩　三言詩底由來　樂府難理解底所以

字句篇章　句法與字法相須爲章而成篇。所以完全地有構成一句底餘裕的，容易地構成一章或一篇。而字法原來可使完成以前那些底東西。

共通與特殊　句法雖在文與詩裏共通的爲多，但有被用於詩不被用於文的，被用於文有不被用於詩的二種。這不但在韻文與散文之間，有這樣的差異，雖同屬於韻文，詩與賦騷底句法也未必一致；那末也有被用於賦騷的，不被用於詩的，與被用於詩的，有不被用於賦騷的二樣。這不但在詩與賦騷之間，有這樣的不同，雖同屬於詩的，古今句法也未必一致，因之有古體裏而無近體裏，有近體裏而無古體裏的。近體有五言七言二體，古體五，七言以外，尚有四言，六言，三言，九言等。這就是有古體裏而無近體裏的。且在近體底句法，有平仄底制限，在古體却無平仄。所以如李東陽底麓堂詩話裏有說：「古詩與律不同體，必各用其體，乃爲合格；然律猶可闖出古意，古不可涉律；』王世懋底秇圃擷餘裏有說：『律詩句有必不可入古者，古詩字有必不可為律者；』又如徐文弼底詩法度鍼之說，律詩用古詩底格調猶可，古詩不可用律詩底格調；猶古文底格調，可入時文，而時文底腔調，決不可入古文：都是看破古體與近體句法底不可混同了，何況詩與賦騷呢？

騷底句法　騷底句法，以六言為多，七言五言次之。但與詩底五言，七言，六言底形式是不同的。即騷底六言，通常在第四字裏用虛字，七言句第五字，五言句第三字裏用虛字。這是騷底特徵，為詩所沒有的。例如騷底六言形式為：○—○—○◎○—○（上三字，下二字，第四字用虛字）

恐美人之遲暮，（離騷）　長太息以掩涕，（離騷）

朝發軔於蒼梧，（同上）　夕余至乎縣圃，（同上）

日忽忽其將暮，（同上）　蘭芷變而不芳，（同上）

芳菲菲兮滿堂，（九歌）　播江離與芷菊，（九章）

這是常型。而詩底六言無此形式。又騷底七言形式爲：○—○○—○◎○—○（上二，中二，下二，第五字用虛字）

夕餐秋菊之落英，（離騷）　衆皆競進以貪婪（離騷）

夫孰非義而可用，（同上）　朝馳余馬兮江皋（九歌）

又況揭車與江離（九章）

這是常型。而詩底七言無這形式。又騷底五言形式爲：○—○◎○—○（上二，下二，第三字用虛字）

鷙鳥之不羣（離騷）　屈心而抑志（離騷）

嫋嫋兮秋風（九歌）　發憤以抒情（九章）

衆口其鑠金（九章）

這是常型。而詩底五言無這樣的形式：是。何況對於文與詩的呢？

四言句法　詩底句法有四言，五言，七言，文亦如是。就中四言句殆都爲詩文所共通的。我曾把論語底四字句，依形式可分爲：

1 天子穆穆。 2 汝愛其羊。

3 君子務本。 4 賢賢易色。

5 貧而無諂。 6 君與囘言。

7 視其所以。 8 孝慈則忠。

9 河不出圖。 10 有民人焉。

11 不吾知也。 12 子將奚先。

13 歸孔子豚。 14 邦有道穀。

15 友于兄弟。 16 子畏於匡。

17 彼哉彼哉。

這樣的十七種。參考支那文學考，第一篇，第三十三章。這些的四言句，概可通用於四言詩。

五言句法　至於五言，七言，或有被用於詩，而不被用於文的。或有被取於文而不被取於詩的。例如詩底五言句，上二字，下三字，各自連屬成一句，卽如：

イ、長安一片月。　ロ、孤篷萬里征。

ハ、波撼岳陽城。　ニ、萬戶擣衣聲。

ホ、秋風吹不盡。　ヘ、秋色老梧桐。

ト、良人罷遠征。　チ、破產不爲家。

リ、懷古欽英風。

之類，爲五言詩底常型；除(ト)(チ)(リ)三種，其他都爲文章家所勿避用的。又有五字爲一串，其句讀不能作爲上二下三的，卽如：

ヌ、山從人面起。　ル、翻與扇俱圓。

是五言詩底特型，而不爲文章家所取的。而文章家慣用底五字句，也多爲詩人所不避用的。我曾類別論語底五字句爲：

1. 本立而道生。
2. 學而時習之。
3. 質勝文則野。
4. 貧而無怨難。
5. 賊夫人之子。
6. 宗族稱孝焉。
7. 君子哉若人。
8. 事父母幾諫。
9. 父在觀其志。

這樣的九種。就中(9)底上二字下三字，雖近於詩句，但其他皆爲詩人所不取。

七言的法　又對於詩底七言句，則爲上四字，下三字，各自連屬成一句，即如：

イ、天津橋下陽春水。　ロ、花際徘徊雙蛺蝶。

ハ、今年花落顏色改。　ニ、歸飛啞啞枝上啼。

ホ、黃雲城邊烏欲棲。　ヘ、機中織錦秦川女。

ト、屈原詞賦懸日月。　チ、仙人有待乘黃鶴。

リ、翻身向天仰射雲。　ヌ、欲往城南忘城北。

之類，是七言詩底常型；也為文章家所不避用。若欲把詩句文章化起來，却不能把七言底一句改為四言二句。又有上二字，下五字，各連屬成一句的。即如：

ル、黃鳥時兼白鳥飛。　ヲ、丹青不知老將至。

為七言詩底特型。那五言詩底特型（ヌ）（ル）底句上，更冠以二字，也不為文章家所取的。何況如杜甫丹青引底「一洗萬古凡馬空」的呢？而文章家慣用底七字句，也多為詩人所不取的。我曾類別論語底七字句為：

一、○—○—○○○—○—○（上三，下三，第四字用虛字）

イ、敏於事而慎於言。　ロ、名不正則言不順。

二、○—○—○—○○○—○（上四，下二，第五字用虛字）

ハ、君子不重則不威。　ニ、仁者先難而後獲。

三、○—○—○○—○—○—○（上三，下四，）

ホ、邦無道免於刑戮。　ヘ、有言者不必有德。

四、○—○—○—○—○—○—○（七字一串）

ト、吾不復夢見周公。　チ、士不可以不弘毅。

リ、有事弟子服其勞。　ヌ、君子憂道不憂貧。

五、○—○—○—○—○—○—○（上二，中二，下三，）

ル、君子不以紺緅飾。

六、○—○—○—○—○—○—○（上二，下五，）

這樣的六種。就中五，六，兩種雖近於詩句，但其他四種，都為詩人所不取。

長短句法，對於詩底句法，不僅有四言，五言，七言，并有一言，二言，三言，六言，八言，九言，十言，十一言等；猶對於文底句法，不止有四字句，五字句，七字句，且有一字句，二字句，三字句，六字句，八字句，九字句，十字句，乃至數十字句。詩稱言，而文稱字。其稱雖異，其義則一。若主張特別地詩稱言，而不叫字，文必叫字而不稱言嗎？那末道德經五千言底「言」字，竟不能解釋的了。而詩底四言，五言，七言等底稱呼，雖每篇以同一的字數相終始的，而文底四字句，五字句，七字句等，在一篇中却有混用長句矩句而成章的。所以在詩裏應用長短句，可謂韻文底形式，而爲散文化了。

一言與二言　詩底一言二言，不但做詩而不成體，且不成章，不成韻，又不盡意，殆沒有文學底價值了。顧炎武底日知錄裏，曾舉毛詩，鄭風緇衣篇底「緇衣之宜兮，敝，予又改爲兮，適于之館兮，還，予授子之粲兮，」其中以「敝」之一字，「還」之一字，爲一言詩底句。沈德潛在說詩晬語裏也有說過的。但這些只可謂發明詩底一章中之一字句，而算緇衣底作者開一新體，并不能作爲創始一言詩底證據。對於二言詩也莫不如是。文心雕龍裏說：『二言肇於黃世，竹彈之謠是也。』二言之祖，歸於黃帝時代底彈歌。在黃帝之世有彈歌，這是事實；但沒有那種底辭傳下。如載在吳越春秋裏，——『斷竹續竹，飛土，逐肉』之辭；原是不足信的。假使以這爲可信，那末文藝殆沒有價值，對於二言底句法，是沒有形式美的了。所以雖直接的把斷竹謠爲二言之祖底劉勰，特別地舉毛詩，小雅，祈父篇底：『祈父，予王之爪牙，胡轉予于恤，靡所止居；』及毛詩，周頌，維清篇底：『維清緝熙，文王之典，肇禋，迄用有成，維用之禎；』爲二言之宗。有說：至於詩頌，大體以四言爲正，唯「祈父」「肇禋」，以二言爲句，』的了。沈德潛底說詩晬語裏也有說：『詩有二言，如鱨鯊，祈父，肇禋是也。』鱨鯊，祈父，肇禋，是二字句，固不必說，遂說這爲二言詩，却不可。這也不過可說發明一章中有二字句，只祈父維清底作者，新出機軸，併不得作爲開創二言詩底證據。何況對於文底一字句，二字句，殆不能成句的呢。試考覈論語，孟子，左傳，史記等所用底一字句，（參看支那文學考，第一篇，第十五章，）都不過是被用於文底主語省略底時候。至於二字句，雖才備主語與說明語，但沒有目的語。還得備副詞與形容詞嗎？

三言詩　詩底三言，是稍爲完成之句，已得具備主語，說明語，目的語；但不得兼用副詞與形容詞。所以比之於二言不能開詩之一體的，三言是較優地出一頭地了。但三言比之於四言，五言，所以遜色的，是因句子沒有完成底緣故。文底三字句亦然。

它的由來　試探三言詩底由來，其源不很分明，其流也在曖昧之中，是三言詩不是永久地可說未成品嗎？在文心雕龍裏有說『三言與於虞，爲元首之詩。』在文章緣起及滄浪詩話裏有說『三言爲晉夏侯湛所創。』曰虞曰晉，其間相隔二千五百年。這是我疑其源不分明底所以了。謝榛底四溟詩話裏說：『江有汜，乃三言之始；迨天馬歌，體製備矣。嚴滄浪謂創自夏侯湛則非矣。』沈德潛底說詩晬語則說：『詩有三言，如鑫斯羽，振振鷺是也。』趙翼底陔餘叢考裏說：『詩有三言者，國風山有榛，隰有苓，周頌綏萬邦，屢豐年之類；至漢安世房中歌，豐草葽，及雷震震二章，郊祀歌之練時日，太一貺，天馬徠，則竟以三言成體矣。後世亦罕有爲之者。劉伯溫有思美人一篇；』謝榛底所謂「江有汜」，是毛詩召南之詩，自起首到下四句用三字句，在末句則用四字句，不是純粹的三言詩。沈德潛底所謂「螽斯羽，」是在周南螽斯底四句中起首一句所用底三言；「振振鷺」是在魯頌有駜九句中底後半五句所用底三言，那是並未具備三言詩底體製。何況趙翼底所謂「山有榛」「隰有苓，」是在邶風簡兮底詩裏，其三言，唯起首二句，第三句以下底四句用四字句；「綏萬邦」「屢豐年」，是爲周頌底桓詩，三言只首二句，第三句以下七句用四字句的呢？而三言詩所引的是這些，這便是我疑其流底曖昧底所以了。按文心雕龍所引底元首詩，是舜與皐陶唱和之作，載在尙書底益稷謨裏的：

股肱喜哉。　元首起哉。　百工熙哉。（舜）

元首明哉。　股肱良哉。　庶事康哉。（皐陶）

由這個形式論起來，雖全是四言詩，但每句添「哉」底助字，而於第三字押韻。這似四言，實爲三言。若以元首詩可爲三言底祖，那末像毛詩邶風底擊鼓，及陳風底月出，可稱三言底宗了。

于嗟闊兮，不我活兮；于嗟洵兮，不我信兮。（擊鼓）

月出皎兮，佼人僚兮。舒窈糾兮，勞心悄兮。（月出）

但是這些都爲三言詩底特例，而非正式。倘要求正式的三言詩，那末漢安世房中歌底十六章裏有安其所，豐草葽，雷震震三章。郊祀歌十九首中有練時日，天馬，華燁燁，五神，朝隴首，象載瑜，赤蛟底七首。這爲謝榛及趙翼底共所稱道。而謝榛所說底天馬歌，即是指郊祀歌十九首中底天馬；趙翼所說底大一貺，天馬徠，即是看做天馬歌爲二首；是謝趙二氏底所說，似相殊而實同的。

樂府難理解底所以　顧安世房中歌底幽眇，難以理解的地方很多，未必唐山夫人擬爲楚聲而已。郊祀歌雖成於司馬相如等之筆，但也有詰屈難解的地方。樂府雖原爲詩人底筆所作，但以後專傳於伶人底口，遂至不能理解原作底意義了。後世復由其口傳入於文字，依音擬字，且不顧文字底當否，到現在始生誤謬，遂難以瞭解作者底本意了。何況爲伶人的，不明字音，字下或字旁，加入注音，無論何時不能保證它——注音——不攙入於原文的呀。且古歌裏沒有專門的詩人，往往作成於卽興的杯觴之間，引吭高歌長吟，而莫不由他人代爲寫出於文字的。這是化耳底文學，爲目底文學，這其間也難保不發生多少誤謬的。這便是要知悉樂府內容或感到怎樣困苦底一因。如漢廣川王去，作「寵姬望卿及爲修成三言歌二首亦然。

背尊章，嫖以忽；謀屈奇，起自絕；行周流，自生患；諒非望，今誰怨？（爲望卿歌）

愁莫愁，生無聊；心重結，意不舒；內茀鬱，憂哀積；上不見天，生何益？日崔隤，時不再；願棄軀，死無悔。（爲修成歌）

從這二詩，可以察見三言詩底價值。三言底句法，素樸簡古，殆如口語；不足修飾，少變化；其形式不過爲上一下二，又上二下一底二種。這就是三言詩底詰屈之流暢氣味底所以了。

第二十七章 句法 二

四言底勢力範圍　四言底起源　五言底特色　五言底起源　辯疏及其考證　古詩十九首與蘇李詩　六言底句法　七言底由來　八言底短處　九言底創作　長短句底流行

四言底勢力範圍　凡句法；至四言始達完成了。所以關於散文：四書五經及諸子百家，多爲四字句；卽關於駢文，四字句也幾占一篇之半。尤其是關于韻文，以詩經三百篇爲首，在漢韋孟以後，作四言詩的不但是多數，韻文底九類中，謠諺，箴銘，頌贊，哀弔，祝祭都以四言爲正式，賦騷在漢以後，對於騷體底句法，加多四言，連珠，詩餘，也把這混用的。是在中國文學界可以窺知四言勢力底偉大，與其範圍底廣遠，根抵底鞏固了。所以古來論四言底特徵的不少。摯虞在文章流別論裏有說：『古詩率以四言為體；』又說：『詩雖以情志為本，而以成聲為節；然則雅音之韻，四言為善，其餘雖備曲折之體，而非音之正也。』劉勰在文心雕龍裏有說：『四言正體，則雅潤為本；』又說：『四字密而不促，六字格而非緩，或變之以三五，蓋應機之權節也。至於詩頌，大體以四言為正。』鍾嶸在詩品裏說：『四言文約意廣，』李白有說：『興寄深微，五言不如四言，七言又其靡也。』陸時雍在詩鏡總論裏有說：『四言優而婉，五言直而倨，七言縱而暢；』但漢已起五言，唐盛七言，宋以後底四言，復無昔日之勢，只不過在墓誌銘裏留些殘影罷了。而詩人底多數，空歎四言底難作，如劉潛夫有說：『四言尤難，三百篇在前故也；』葉水心有說：『五言而上，世人往往極其才之所至；而四言雖文辭巨伯，輒不能工；』王世貞有說：『四言須本風雅，間及韋曹；然勿相雜也。』胡應麟有說：『四言簡質，句短而調未舒；七言靡浮，文繁而聲易雜；折繁簡之衷，居文質之要，蓋莫尚於五言；」沈德潛有說：「四言詩締造良難，於三百篇，太離不得，太肖不得，太離則失其源，太肖只襲其貌也。韋孟諷諫，在鄒之作，肅肅穆穆，未離雅正；劉琨答盧諶篇，拙重之中，感激豪蕩，準之變雅，張華二陸潘岳輩，厭厭欲息矣。淵明停雲時運等篇，清腴簡遠，別成一格；」皆是。

四言底起源　關於四言底起源，諸家之說，所見各殊。文心雕龍裏說：「四言廣於夏年，「洛汭之歌」是也。」文章緣起及滄浪詩話，以漢韋孟底諷諫詩，爲四言底首唱。謝榛底四溟詩話裏說：「四言之體，始於康衢歌，及三百篇則盛矣。」趙翼底陔餘叢考裏則說：「四言詩當以舜典「喜起之歌」爲首，大禹所訓，「內作色荒」六句，亦濫觴也。三百篇外如帝王紀所載擊壤歌，尚書大傳所紀卿雲歌，塗山歌，左傳所載虞人箴，穆天子傳所載西王母謠，其音節簡貴高古，非漢以後所能也；漢魏六朝亦尚有爲之者。文章緣起以韋孟諷諫詩爲四言首唱，此後如相如封禪頌，傅毅迪志詩，張茂先勵志詩，陶淵明停雲詩，皆傑出者。唐以後遂絕。如李白

「羅幃舒卷，似有人開，明月直入，無心可猜；」及柳子厚皇雅，皆僅見者。」

按四言詩實爲周底特色，詩經三百篇，是四言詩底精華，若夫周以前底四言詩，則尚未成體。趙翼底所謂舜典「喜起之歌，」是卽指股肱元首之歌，我以爲說這爲四言詩，毋甯主張說這爲三言詩較爲適當。劉勰底所謂「洛汭之歌，」卽趙翼底所謂「內作色荒，」指尚書底五子歌，那是後世底擬作無疑的。其他康衢謠，是出於列子，擊壤歌，是出於帝王世紀，卿雲歌，是出於尚書大傳，都不足措信的。何況載在穆天子傳底西王母謠呢。但載在左傳底虞人箴，頗可置信；若把這當做武王時代底作品，那末同時代作品，在三百篇中不少，何必在三百篇以外苦求，而取虞人底一篇呢？又文章緣起及滄浪詩話裏，舉韋孟底諷諫詩，謂舖敍之中，有起伏曲折，而爲漢魏以後底詩人所私淑；這雖比之三百篇，有放異彩底所在，但只在篇法底構成，而句法底構造，莫不準據於三百篇的。何況諷諫之道，是風雅底特色呢。所以文心雕龍裏也有說『漢初四言，韋孟首唱，匡諫之義，繼軌周人。』是選四言底首唱，舍周取漢，這是我們所不能贊同的。

五言底特色　四言底形式，雖概可共通於詩文，五言底形式，却未必然了。詩底五言句法，可通用於文的少，同時文底五字句法，可通用於詩的也少。這已如前章所述：五言句只好上二字下三字反覆迴旋成爲正式的一語。但五言底特色，究在哪裏呢？這是我們所切應研究的。如文心雕龍裏有說：『五言流調，則淸麗居宗；』詩品裏有說：『五言居文詞之要，是衆作之有滋味者也。』詩藪裏有說：『折繁簡之衷，居文質之要，蓋莫尙於五言。詩鏡總論裏有說：『五言直而倨；』也可卜知其一斑了。

五言底起源　關於五言底起源，也和四言相同而諸說紛紜的：文心雕龍裏說：『五言見於周代，行露之章是也；』又說：『召南行露，始肇半章，孺子滄浪，亦有全曲；暇豫優歌，遠見春秋；邪徑童謠，近在成世；閱時取證，則五言久矣。』詩品裏說：『夏歌曰「鬱陶乎余心，」楚謠曰「名余曰正則，」雖詩體未全，然是五言之濫觴也。逮漢李陵，始著五言之句矣。」文章緣起及滄浪詩話，都謂起於李陵蘇武；說詩晬語有說：『詩有五言，如「誰謂雀無角。」「胡爲乎泥中？」是也。』陔餘叢考則說：『五言以古詩十九首及蘇李贈答爲始；十九首或稱枚乘所作，其孤竹一篇，則傅毅所作，蓋漢武好尙文辭，故當時才士各爭新門奇，創爲此體，實亦天地自然有此一種，至時而開，不能祕也。』又說：『按三百篇中，五言單句，固指不勝屈，特未製爲全篇耳；漢初諸人，本此爲全篇，遂成五言體。』

辯疏及其考證　按劉勰底所謂行露，是說毛詩召南底行露章；孺子滄浪，是指載在孟子底孺子滄浪歌；暇豫優歌，是說載在國語晉底優施歌；邪徑，童謠，是指載在漢書五行志成帝時底童謠。又沈德潛底所謂「誰謂雀無角，」是劉勰所說的召南行露底首句，「胡爲乎泥中，」是邶風式微底末句。——

誰謂雀無角，　何以穿我屋？　誰謂女無家，　何以速我獄？　雖速我獄，　室家不足。（召南，行露）

滄浪之水淸兮，可以濯我纓；滄浪之水濁兮，可以濯我足。（孺子滄浪）

暇豫之吾吾，不如烏烏；人皆集於菀，己獨集於枯。（暇豫，優歌）

邪徑敗良田，讒口害善人；桂樓華不實，黃雀巢其顚；故爲人所羨，今爲人所憐。（邪徑，童謠）

式微式微，胡不歸？微君之躬，胡爲乎泥中？（邶風，式微）

召南行露，第一句到第四句都是五言，但末二句爲四言，那末不是純全五言體。何況邶風式微一章四句中，只有末一句爲五言的呢。孺子滄浪，只第二第四兩句，爲五言底形式，但第一句「滄浪之水淸兮，」及第三句「滄浪之水濁兮，」決不副五言詩底句法。暇豫優歌前半二句，尤鄙俗不成語，殆似謠諺；也不能說五言詩底體系。至邪徑童謠，無論內容形式，雖始終貫徹五言，但詩底雅正，到底不能匹敵古詩十九首及蘇李贈答之作。何况詩品所舉的：夏書底「鬱陶乎余心，」楚辭底「名余曰正則，」及王得臣在塵史裏所舉的：虞書底「元首叢脞哉」呢。都可說是五言句底濫觴，但不能說是五言詩底權輿。倘欲求五言詩底權輿，那末不得不先指古詩十九首與蘇李贈答詩了。

古詩十九首與蘇李詩　古詩十九首，是收採於昭明文選裏，爲古來詩人學者，所極口贊賞的。就中劉勰評爲五言底冠冕，王世懋評爲五言底詩經，是到極了的。蘇李贈答之作，也與十九首並稱。如宋濂說蘇李爲作者之首，二子之作，實宗國風楚辭。王士禎則說蘇李之贈答，古詩十九首，是以五言接三百篇之遺。都是蘇李底崇拜家。而十九首中，有枚乘之作八首；枚乘，比之於蘇李爲前輩，五言底首唱，歸之於枚乘，也有理由的吧。至蘇李之作，始爲劉勰懷疑，他說：『成帝品錄，三百餘篇，朝章國采，亦云周備；而辭人遺翰，莫見五言，所以李陵班婕妤，見疑於後代也。』是蘇軾之徒，說蘇李之詩，爲後人底僞作，他底心中，非有藉恃於劉勰的嗎？，我却還很要推奬蘇李，詩聖杜甫，也嘗說：『李陵蘇武是吾師，』的。

六言底句法　六言詩始於漢底谷永，此說任昉唱之於前，嚴羽，謝榛，楊愼，趙翼和之於後。但谷永之作已亡，存於今日的，當以孔融底六言詩三首爲祖，魏文帝及嵇康底六言詩爲宗，可是六言底句法，已行於秦漢以前了。如徵之於詩經；

我姑酌彼金罍（國風，周南）

嘉賓式燕以敖（小雅，鹿鳴）

都可說是六言詩底濫觴。而六言詩之在漢魏以後：晉陸機有長詩，陳陸瓊有六句詩，唐王維，張說，劉長卿有律體，又王維皇甫冉有絕句體。那些長短不同，於是優劣亦在其中。而六言詩底勢力，到底不及五言及七言。畢竟不過由詩人底好奇心所出發底游戲文字罷了。其句法很缺少地，雖也有王維底『鳥向平蕪遠近，人隨流水東西，』底形式，大概都用上二，中二，下二（○○—○○—○○—○○）底形式，而避用上三，下三（○—○—○○—○—○）的。例如孔融底六言詩，皆是。——

漢家中葉道微，董卓作亂乘衰；僭上虐下專威，萬官惶怖莫違，百姓慘慘心悲。

七言底由來　關於七言詩底由來，劉勰說是出於詩騷。任昉，嚴羽及沈德潛，都說出於漢武柏梁台聯句。其他有舉皇娥，白帝為七言之祖的。又有舉荆軻底易水歌，項羽底垓下歌，漢高底大風歌，為七言之源的。但這些詩體都未完備，不能贊同的。試徵之於詩經，三百篇中，雖有七言句，但沒有七言體底詩。例如：

1 送我乎淇之上矣。（鄘風，桑中）

2 知我者謂我心憂。（王風，黍離）

3 還予授子之粲兮。（鄭風，緇衣）

4 尚之以瓊華乎而。（齊風，著）

5 胡取禾三百廛兮。（魏風，伐檀）

6　二之日鑿冰沖沖。（豳風。七月）

7　交交王鳥止于棘。（秦風。黃鳥）

8　如彼築室於道謀。（小雅，小旻）

9　維昔之富不如時。（大雅，召旻）

10　君子有穀貽孫子。（魯頌，有駜）

之類，都諸家之所引用爲七言之祖的。其實不過每一句爲各章數句中底一句，那末詩雖成句，而未成體。尤其是如鄘風底桑中，鄭風底緇衣，齊風底著，魏風底伐檀，語尾加「矣·」「兮·」「而」底虛字，成七言之形，那是句法上且未完備。離騷也多七言。但離騷底七言，倘非語尾加「兮」底虛字，那末句中必用「之」「以」「而」「兮」「與」等虛字，並不相符於七言詩。又柏梁臺聯句，雖通體七言，實爲一人一句底烏合體，沒有一意貫通，也不能稱做七言詩底儀型。皇娥白帝二歌，斷非少昊時代之作，是爲漢魏以後人所擬作的。易水歌，垓下歌及大風歌，都用「兮」字，成七言底形，也決不能說做七言詩底權輿。以我所見的，春秋時代甯戚底飯牛歌，可推爲七言底開山祖。如張衡底四愁詩，思玄詩，句法篇法共完整，可爲七言底正宗了。

八言底短處　八言詩在隋唐以前殆未成體。所以文心雕龍之評，止七言不及八言。文章緣起及滄浪詩話之評，雖及於七言九言，也不及於八言。但八言底句法，在詩經就有，如「我不敢效我友自逸」及「胡瞻爾庭有縣貆兮」是。後至唐時，李賀底「酒不到劉伶墳上土，」也是八言句。若做成詩而爲新的一體，當以載在舊唐書盧羣底八言詩爲嚆矢的了。顧八言句底短處，患在被看做四言二句讀。猶如六言底句法，恐被看做三言二句。這是偶數底六言八言，不及奇數五七言勢力底所以了。

九言底創作　九言詩始于魏底高貴鄉公，這爲文章緣起所首唱，滄浪詩話，懷麓堂詩話等，都應和此說。但高貴鄉公之作，已亡不得復見。唯元僧明本，作九言底梅花詩，明盧贊元作九言底酴醿花詩，楊愼也作九言底梅花詩，都載在升庵詩話卷一。其他李杜作中，雖有少數的插入十言十一言底長句，但都未至成體。

長短句底流行　凡詩有短句長句，各自成一體，已敍述過了。要之這等諸體，都在通體而用同一的句法，現在更要敍述一篇中混用長句短句底詩之長短句。這在三百篇中，已啓其源，而漢初唐山夫人之作，——安世房中歌——也混用四言，七言，三言的。若把三百篇爲長短句之祖，那末安世房中歌可說是其宗了。後梁僧慧令，（或說隋釋慧英）作一三五七九言之詩，至唐李白及劉長卿，作三五七言之詩，唐張南史，及淸查愼行，作一二三四五六七言詩，唐鮑防，嚴維等八人，有自一言到九言底聯句。又宋文同，以詠竹爲題，作自一言到十言的詩。卽在朝鮮，平壤妓生芙蓉，也曾作過自一言到十八言之詩的。顧與於五代全盛於宋底詞底句法，雖沒有一定，可是也利用長短句的。就是在散文，韓愈熱心地主張古文，也好用長短錯綜之法：後二十九日復上宰相書，上張僕射書，原道，獲麟解等，都莫不如是。這只不過爲反抗魏晉以後底駢儷文而已。乃不外爲化正爲奇，反經用權，並尙變化避陳套罷了。

第二十八章 篇法

現代文底通病 詩體與文體 起承轉結 諸體合一 常山蛇勢 神龍之喩 一篇底眉目 一篇底胸襟 轉底作用 結底功用

現代文底通病 句法不過爲一句底構成法，篇法却是一篇底構成法，二者孰重孰輕，這不待智者而後知之的吧。但是近世論文法的，都着眼於句法，而不及篇法，若說論句法，便畢文法底能事，盡文法家底職責，這是不察之甚了。所以現代底作家，許多是知句法而不知篇法的，起稿不立主意，成章不考慮首尾，唯拖延如牛涎，胡亂糾纏，沒有頓處，讀去讀來，至少不感緊張意味，徒令人厭倦，這不是

詩體與文體　凡物有形則有體，所以詩有詩體，文有文體。曰詩體，曰文體，畢竟不過說是詩文底篇法罷了。詩體有古體，有律詩體，有絕句體。又從句法方面分別起來，乃生四言體，五言體，七言體底稱呼了。文體有古文體，四六體，八股體；又別之，乃生敘事體議論體底稱呼了。其體雖各不同，至篇法上共有一以貫之的，則爲起承轉結是。

起承轉結　「起承轉結」四字底稱呼，本起於律詩；倘應用於絕句則更妙。把這應用於古體詩亦可。且不但可用於韻文，即應用於古文，應用於四六文，都莫不適當。而八股文底破題，承題，大講，大結底稱呼，畢竟也不過是起承轉結底異名。所以王士禎有說：「古文今文古今體，皆離起承轉合四字不可。」

諸體一揆　律詩底篇法，第一二句爲起，第三四句爲承，第五六句爲轉，第七八句爲結。絕句底篇法，第一句爲起，第二句爲承，第三句爲轉，第四句爲結。至於古詩，起承轉結底句數未必一定，長短伸縮，一總出於作者底方寸，任作者底自由。此外何況古文體四六體呢。又八股體對於起承轉結之間，其句數也有限制。是可知八股底篇法，形式上實近於詩了。

常山蛇勢　起承轉結底意義，爲讀如字。承與轉爲一篇底胸腹，起爲一篇底眉目，結爲一篇底關鎖，人之胸腹，爲一身底中樞，五臟六腑，都在其中。如爲詩爲文，其承轉也爲一篇底中樞，作品底優劣高下，雖由此可以決定；但首尾底照應，爲技藝上最緊要的。所以古來論篇法，有喻「常山蛇勢。」「常山蛇勢，」本兵法上底用語。「取擊首尾應，擊尾首應，擊其中則首尾俱應」之義。如陳善底捫蝨新話裏說：『常山蛇勢，非特兵法，亦文章法也。文章要宛轉回復，首尾相應，乃爲盡善。山谷論詩文亦云：「每作一篇，先立大意，長篇須曲折三致意，乃成章耳。」如此亦「常山蛇勢」也。』即是。試援杜詩，審察他底篇法，首尾底照應最縝密。如哀江頭底末段，『人生有情淚沾臆，』底二句，是應起首第一句；『黃昏胡騎塵滿城』底二句，是應起首第二句；又丹青引底末尾：『途窮反遭俗眼白，世上未有如公貧；』底一解，是回顧首段底：『丹青不知老將至，富貴於我如浮雲；』底二句。都可見古詩底篇法了。

神龍之喻　陳善已以常山之蛇比之於首尾照應底妙了。趙執信也有神龍之喻。在談龍錄裏有說：『錢塘洪昉思久於新城之門矣。與余友，一日，並在司寇宅論詩。昉思嫉時俗之無章也。曰：「詩如龍然，首尾爪角鱗鬣，一不具非龍也。」司寇哂之。曰：「詩如神龍，見其首，不見其尾，或雲中露一爪一鱗而已，安得全體？是雕塑繪畫者耳！」余曰：「神龍者，屈伸變化，固無定體，恍惚望見者，第指其一鱗一爪，而龍之首尾完好，故宛然在也；若拘於所見，以爲龍具在，是雕繪者反有辭矣。」昉思乃服。』這也不是要求在爪角鱗鬣以外，首尾完好的嗎？詩如是，文也莫不如是。韓愈底送孟東野序，及蘇軾底潮州韓文公廟碑，雖都是大家苦心所成底傑作，但尙受百世之後龍頭蛇尾底非難，——因失首尾底完好，頭過大而尾過小了。且洪氏所嫉時俗底無章，這不止是乾隆時代之弊，實爲我國現時所最爲然，不是也應嫉責的嗎？

一篇底眉目　起底稱呼，詩文所共通的雖有起首破題之稱，但起句，發句，開句，起聯，首聯之稱，爲詩底專有，而冒頭，虛引，總提之稱，是文底特有。顧起首爲一篇底眉目，決不止是作品底外貌美，實亦爲一篇底頭腦，作品底內容美也有幾分可以推定。所以若起首精妙，其下殆如破竹，不迎刃而可自然解決的。宋梅堯臣論律詩底起法，有說：「第一聯謂之破題，欲如狂風捲浪勢將滔天；」元范梈則說：「起處要平直，戒陡頓；」明謝榛稱絕句底起法：「起如爆竹，斬然而斷；」寺島尙順底和漢三才圖繪裏則說：「起如開門見山，突兀崢嶸。」這是宋以後詩人作起句底理想。因眉目可以淸秀，但不必嫵媚；起首雖可崢嶸，實不應詰屈。若盡奇於起句，，那末承句以下歸於平凡；炫巧於破題，承題以下便流於纖弱了。試舉古來起句底巧妙的，不過唐以前底謝眺，唐時底李白，王維，高適，岑參，宋底蘇軾能了。滄浪詩話裏稱李白底起法：『太白發句，謂之開門見山。』苕溪漁隱叢話稱蘇軾作篇首底妙：『東坡每題詠景物，於長篇中只篇首四句，便能寫盡；語仍快健，他人道不到也。』藝圃擷餘裏稱謝朓王維底起句：『詩稱發端之妙者，謝宣城而後，王右丞一人而已。』詩藪裏稱高適岑參起語之工，且與謝朓相比：『高岑並工起語，岑尤奇峭，然擬之宣城，格尤下矣。』漁洋詩話裏也稱謝朓，王維，杜甫，高適起首之工，並推奬謝朓底『大江日夜流，客心悲未央，』杜甫底『將軍魏武之子孫，於今爲庶爲淸門，』之句。這不獨詩人對於起首用苦心，即文章家輩，也知起首底重要，並不容易。蘇軾方作潮州韓文公廟碑，爲苦於不得起句，屢改其稿，幾至擲筆，忽得『匹夫而爲百世師，一言而爲天下法』二句，以後便勢如破竹一氣呵成了。所以朱熹有說：『東坡作韓文公廟碑，不能得一起頭，起行百十遭，忽得匹夫兩句，下面只如此掃去。』又歐陽修作醉翁亭記，初稿起頭書『滁州四面有山，』已草數十字，但自不能安；後改爲『環滁皆山也，』遂拈出通篇二十一個

「也」字，發一種異采，成千古奇文。這可知起首底重要，同時覺得那是不易的。所以蘇軾，王安石等，常注全力於起首；於是蘇軾底文，被稱爲起首之工，而王安石底文，時有龍頭蛇尾之嫌。呂祖謙底文章，也多在發端底一二句，提起全篇主意，一部東萊博議，就可證明其所在了。

一篇底胸襟　承底稱呼，在絕句稱承句，在律詩稱承聯。前聯，頷聯，又叫胸句，在八股文裏稱承題，在古詩裏稱第二解，古文裏稱第二段。承乃是承上照下之義，爲一篇底胸襟。承起首之意，順調地展開，猶如順流之舟。所以梅堯臣之喩承法，有說：『第二聯謂之頷聯，欲似驪龍之珠，善抱而不脫也。』范梈論這有說：『承處要春容，戒陡頓。』和漢三才圖繪裏喩這則說：『承如草蛇灰線，不即不離。』若把這比之於起或轉結，作者可不大勞其心力了。

轉底作用　轉底作用，恰如自幽谷遷於喬木，從死地就於活路。在於情景一變，而展開局面，振作氣勢。要之在一掃起承以下底惰性，添活氣於後段而已。所以梅堯臣有說：『第三聯謂之警聯，欲似疾雷破山，觀者駭愕，搜索幽隱，哭泣鬼神；』范梈謂：『轉處要變化，戒落魄；』和漢三才圖繪則說：『轉如洪波萬頃，必有高源。』而關於轉句之所以緊要的，周弼有說：『絕句之法，大抵以第三句爲主；』楊載有說：『起承二句固難，然不過平直敍起爲佳，從容承之爲是，至如宛轉變化工夫，全在第三句；若於此轉變得宜，則第四句如順流之舟矣。』冢田大峯在「作詩質的」裏有說：『五七言絕句，則平易起承之句，轉句轉意以強其句勢，結句生自轉句，且相照於起承，可以結其意也。作者或可盡意於起承，而窮於轉結，則爲虎頭狗尾耳。』賴山陽嘗對或人問其絕句底作法，舉當時流行於京阪地方底左的俗歌，說明起承轉結底秘訣。

大阪本町絲店底姑娘：　　姊年十六妹十四。　　諸國諸侯殺(人)用弓矢，

絲店底姑娘殺(人)用眼珠。

(其原詩如左，右乃譯其大意。)

大阪本街的線店女。姉ハ十六，妹ハ十四。諸國諸大名ハ弓矢デ殺ス。絲屋，娘ハ眼デ殺ス。

第一句「大阪本町絲店底姑娘」爲起句。第二句「姉年十六妹十四」爲承句。第三句「諸國諸侯殺（人）用弓矢，」所謂情景一變，展開局面，而得轉折之妙的。第四句：「絲店底姑娘」是照應起句，「殺（人）用眼珠」是回顧「殺（人）用弓矢」。便是結法。能盡收束之妙。在文章裏最重轉結，這猶如絕句以第三句爲主眼一般。所以對於絕句底詩法，有實接虛接之稱者，全由第三句而命名。文章底章法，雖有「死中求活法，」「百尺竿頭進一步法。」及「畫龍點睛法」之稱；這也從轉結之處生出名目來的。轉結，實是文底死活所由決，爲流露一篇底主意，發揮一篇底精采的。明董其昌嘗說：『文章之妙，全在轉處。轉則不窮，轉則不板，如游名山，至山窮水盡處，以爲觀止矣；俄而懸崖穿徑，忽又別出境界，則眼目大快，武夷九曲，遇絕則生，若千里江陵，直下奔迅，便無轉勢矣。』三島中洲翁也嘗語我：『一篇文字，必在「關鎖；」我之作文，常從第三段爲始，「關鎖」，就是轉結之謂。從第三段爲始，乃是說先構成轉結，然後再作起承，猶說作絕句必從第三句作起。顧古來文章家，多自起首滔滔的說下去，蘇軾王安石等，都莫不如是。但能先構成轉結，其爲文關鎖當甚嚴了；——倘欲避龍頭蛇尾之嫌底話。

結底功用　結卽係一篇底關鎖，其功用在緊切地收束全文，但餘韻嫋嫋，餘味津津，言盡而意不盡，是爲結法底上乘。蘇軾底所謂天下之至言。所以白石道人詩說裏類別結法爲：『一、詞意俱盡；二、意盡而詞不盡；三、詞盡而意不盡；四、詞意俱不盡。』詞盡而意不盡，是句中尙有餘意之謂，結之善者也。何況對於詞意俱不盡，在篇外猶有餘韻，可謂善中之善的呢。對於文章一貫，有如這樣的說：『結尾正關鎖之地，尤要造語精密，遣文順快：蓋精密則有文外之意，順快則讀之而有餘味；』這亦得我心。因他說有文外之意；又說有餘味，這不過都是我之所謂餘韻嫋嫋，餘味津津罷了。梅堯臣喻結法有說：『如高山放石，一去不迴；』范梈論這有說：「合處要淵永，戒斷迸；」謝榛則喻之爲：「如撞鐘，餘響不輟；」梁章鉅論文有說：「後人文字之不及秦漢者，所爭在結處。」都是主張結法底重要的。而古來結法底至善的，在文——如柳宗元底桐葉封弟辨：「或曰封唐叔，史佚成之。」侯方域底陳將軍二鶴記：「堂下之士有泣者。」在詩——如杜甫底短歌行：「眼中之人吾老矣。」可謂好結法底三友了。

要之：起承轉結底中，孰難孰易，古來從人從體，所見各殊。大都絕句則以轉句爲至難，律詩則以中腹二聯爲最不容易。參考支那文學考，第二篇，第十九章。——文章雖稀有於轉結用苦心的，大概對於起首則多很用匠心的。

第二十九章　詩底三體

經三體與緯十體　古體今體及其境界線　古體與今體底異同　五古

底平仄　七古底平仄　古詩底押韻　近體底平仄　平起與仄起　近

體底三要件

經三體與緯十體　詩有三體：一、古詩，二、律詩，三、絕句。對於古詩，若有三言，四言，五言，六言，七言，九言底六體，那末律詩及絕句也各有五言七言二體。倘詩學上，稱古詩律詩，絕句底分類爲詩底經三體；那末古詩底三言，四言，五言，六言，七言，九言及律詩絕句底五言，七言底分類，可以爲詩底緯十體了。宋周弼選輯唐詩，曾叫做唐賢三體詩法。周弼底所謂三體，就是指七言絕句，五言律詩，七言律詩，但不過不是我底所謂經三體並緯十體中底三體。因他欲矯正宋詩輕佻底流風，所以把唐賢底詩，模範地選輯分類起來。他舉七言絕句而不取五言絕句者，這是因爲宋底詩人，一般地對於五絕底高古幷風雅不大認識，且也不着筆於五絕的。又他之舉五律七律而不取五古七古者，也是因爲時代底風潮，歸向於技藝的律詩，忌避於自然的古詩底緣故。所以他底所謂三體詩法，並不是從詩學本位底分類，實在是一種時病底藥石。

古體今體及其境界線　古詩是對於今代詩底對稱，這名詞也不是恆久的，所謂古底名詞，沒有固定的，古與今底境界線太不分明。詩學上底古體與今體，在隋唐之間才劃一鴻溝。隋以前，以古詩爲本位，唐以後當以律詩絕句爲本位。因在隋以前，已胚胎律詩，發生絕句，唐以後底詩人，雖也盛作古詩；但若着眼時代底特色，那末不得不要隋以前舉古詩，唐以後舉律詩絕句的了。

古體與今體底異同　審察古詩與律詩絕句底異同，一句法，二篇法，三押韻法：彼此有多少相異底所在。即：

1. 對於句底形式，律絕共只有五言七言二體，古詩則有三言，四言，五言以上底諸體。
2. 對於句底構成，律絕各有平仄底限制，古詩便沒有這種制限。
3. 對於篇底構成，律絕，縱的方面，句法上已有平仄，而橫的方面，也有平仄底制限，所謂「粘」是。古詩却未必有。

4. 押韻法，律絕共限於平韻，（按亦偶有押仄韻的）而以一韻到底爲常式；但古詩在一韻到底以外許轉韻，且可兩用平韻仄韻的。

5. 古詩押韻許通韻，且許同字韻，但律絕決不如是。

6. 古詩有每句用韻底詩，律絕決沒有的。

這就是彼此異同底主點。所以古詩若與律絕比較起來，格律底制限較少，一任作者底自由爲多。要探求初學底詩道，必從古詩入門，而後可及於律詩。倘若從絕句出發，進於律詩，最後入於古詩，這是倒行逆施，顛倒次序了。而我邦（按指日本）底詩人多逆行者奈何？

關於古詩底平仄說起來，所謂古詩沒有平仄，這是漢魏以後二千年來的定論。但是淸王士禎始提倡古詩平仄論，翁方綱，徐文弼及森槐南（按指日人）一派的詩人應和之。而在王士禎生時，趙執信不關與士禎之有姻戚，對於士禎底古詩平仄論，曾放攻擊底第一矢。日尾省亭（按指日八）也在詩格刊誤上辯士禎之妄。所以古詩平仄論沒有風靡天下底詩人，並斡旋詩壇大勢底威力啊。參考支那文學考第二篇，第十三章。

五古底平仄　試就杜甫底北征一篇，研究其平仄法，便可知詩聖句法底怎樣自由呀。同時足知五言古詩底平仄法，是沒有一定的原則的。

1　平平平平平。　　2　仄仄仄仄仄。

乾坤含瘡痍　　野鼠拱亂穴

3　仄平平平平。　　4　平仄仄仄仄。

菊垂今秋花　　寒月照白骨

5　仄仄仄仄平。　　6　平平平平仄。

猛虎立我前　　君誠中興主

7　平平仄平平。　　8　仄仄平仄仄。

平生所嬌兒
9 仄仄平仄平。
幾日休練卒
10 平平仄平仄。
杜子將北征
11 仄仄平平平。
青雲動高興
12 平平仄仄仄。
慟哭松聲迴
13 平平平仄平。
牀前兩少女
14 仄仄仄平仄。
陰風西北來
15 平平仄仄平。
此輩少爲貴
16 仄仄平平仄。
潼關百萬師
17 仄平仄仄平。
靡靡踰阡陌
18 仄平平仄仄。
我行已水濱
19 仄平仄平平。
曉粧隨手抹
20 平仄仄仄平。

海圖拆波濤。　伊洛指掌收。

21 平仄平仄平。　22 平仄平平平。

徹爾人盡非。　鴟鳥鳴黃桑。

23 平仄平仄仄。　24 仄平平平仄。

山果多瑣細。　老夫情懷惡。

25 仄平平仄平。　26 平仄仄平仄。

夜深經戰場。　回首鳳翔縣。

27 仄平仄平仄。　28 仄平仄仄仄。

昊天積霜露。　拜辭詣闕下。

29 仄平平仄仄。

仰觀天色改。

像這樣的：杜甫五言古詩底平仄，頗爲多樣多式，只北征一篇，已達二十九種之多。其中雖偶有合五律底平仄的，但大概要犯二四不同，孤平，孤仄，平三連，仄三連底禁忌的。

七古底平仄　又關於七言古詩底平仄，試考察杜詩底句法，其樣式也頗多：

1　平　平
　　仄平仄平仄仄仄。　以每句第二字及第四字爲主眼，所以變更第一字及第三字。

神仙中人不得易。（醉歌行贈顏少府。）

豫章翻風白日動。（短歌行贈王司直）第一字仄。

風吹客衣日杲杲。（醉歌行，）第三字仄。

丈夫蓋棺事始定。（君不見簡蘇徯）第一字，第三字皆仄。

2

平平平平仄平仄。
仄　仄

潛龍無聲老蛟怒。（觀打魚歌）

美人娟娟隔秋水。（寄韓諫議）第一字仄。

丹青不知老將至。（丹青引）第三字仄。

路幽必爲鬼神奪。（挑竹丈引）第一字第三字皆仄。

3

平平平平平仄仄。
仄　仄

來如雷霆收震怒。（公孫劍器行）

繡衣春當霄漢立。（入奏行）第一字仄。

詞源倒流三峽水。（醉歌行）第三字仄。

子規夜啼山竹裂。（元都壇歌）第一字第三字皆仄。

4

平平平仄仄仄仄。
仄平仄

干戈兵革鬥未止。（又觀打魚）

此皆騎戰一敵萬。（韋諷宅觀畫馬）第一字仄。

金鞭斷折九馬死。（哀王孫）第三字仄。

喜君士卒甚蟄肅。（冬狩行）第一字第三字皆仄。

5

(平/仄)平(平/仄)仄平仄仄。

龍鱗犀甲相錯落。（海棕行）

我今衰老才力薄。（李潮小篆歌）

第一字仄。

豺狼在色龍在野。（哀王孫）

第三字仄。

白摧朽骨龍虎死。（雙松圖歌）

第一字第三字皆仄。

6

(平/仄)仄(平/仄)仄平平平。

中有雲氣隨飛龍。（題王宰畫山水）

迴立閶闔生長風。（丹青引）

第一字仄。

7

書貴瘦硬方通神。（小篆歌）第三字仄。

筆陣獨掃千人軍。（醉歌行）第一字第三字皆仄。

平仄平平仄仄平平平。

開花無數黃金錢。（秋雨歎）

嬌如羣帝驂龍翔。（劍器行）第一字仄。

波濤萬頃堆琉璃。（美陂行）第三字仄。

應弦不礙黃山高。（魏將軍歌）第一字第三字皆仄。

8

平仄 平 平仄 仄 平 仄 平。

高談雄辯驚四筵。（飲中八仙歌）

軟炊香飯緣老翁。（姜少府設鱠。）第一字仄。

憑軒拔鞘天爲高。（大食刀歌）第三字仄。

感時撫事增惋傷。（劍器行）第一字第三字皆仄。

9

平仄 平 平仄 平 平 仄 平。

冥冥孤高多烈風。（古柏行）

翠蕤雲旗相盪摩。（魏將軍歌）第一字仄。

10

金支翠旗光有無。（美陂行）第三字仄。

與人一心成大功。（高都護驄馬）第一字第三字皆仄。

平仄平仄仄仄平。
仄　仄

珠壓腰衱穩稱身。（麗人行）

暴殄天物聖所哀。（又觀打魚）第一字仄。

肌理細膩骨肉勻。（麗人行）第三字仄。

一舞劍器動四方。（劍器行）第一字第三字皆仄。

11

平仄仄平仄仄仄平平。

何恨憔悴在山中。（君不見簡蘇徯）

斗水何直百憂寬。（引水）第一字仄。

分闘救世用賢豪。（大食刀歌）第三字仄。

但道困苦乞爲奴。（哀王孫）第一字第三字皆仄。

12

平仄平平仄平仄仄平。

崑崙虞淵入馬蹄。（二角鷹）

或騎麒麟翳鳳皇。（寄韓諫議）第一字仄。

東來槖駝滿舊都。（哀王孫）第三字仄。

我卿掃除即日平。（花卿歌）第一字第三字皆仄。

13

仄/平 仄 平/仄 仄 平 仄 平。

赤鯉騰出如有神。（觀打魚歌）

蒼水使者捫赤絛。（大食刀歌）第一字仄，第三字仄。

14

一洗萬古凡馬空。（丹青引）第三字仄。

仄/平 平 平/仄 仄 仄 仄 平。

衆賓皆醉我獨醒。（醉歌行）

當軒下馬入錦茵。（麗人行）第一字平，第三字仄。

賜名大國虢與秦。（同上）第三字仄。

15

仄（平）仄平（仄）平仄平平。

具爲王孫立斯須。（哀王孫）

天地爲之久低昂。（劍器行）第一字平，第三字仄。

昔訪浣花老翁無。（入奏行）第三字仄。

16

平（仄）仄仄平仄仄平。

身欲奮飛病在床。（寄韓諫議）

濯足洞庭望八荒。（同上）

第一字仄。

道逢麴車口流涎。（飲中八仙歌）

17 仄平仄平仄平平。

像這樣的，都不合律詩底平仄。——或犯二四不同，或犯二六對，或犯孤平，或觸平三連。仄三連底禁忌的。何況美陂行底「天地黯慘忽異色，」天育驃圖歌底「矯矯龍性合變化，」大麥行底「安得如鳥有羽翅。」丹青引底「斯須九重眞龍出，」冬狩行底「肉味不足登鼎俎，」題王宰畫山水底「能事不受相促迫，」古柏行底「落落盤踞雖得地，」朱鳳行底「下愍百鳥在羅網，」蠶穀行底「焉得鑄甲作農器，」高都護驄馬行底「此馬臨陣久無敵：」怎合於律詩底平仄呢？且又王士禎底古詩平仄論，也說杜詩，原是古詩底本位，不能適合於唐以外之作，結局可說古詩眞的是沒有平仄的了。

古詩底押韻　古詩底押韻法曾在支那文學考第二篇第十三章裏敘述過，今不復贅。但古詩底押韻，應知比律詩絕句可押底文字範圍還要廣闊。律詩絕句底押韻，依佩文韻府一百六韻底分類爲準，但古詩底押韻，可在一百六韻中發音之相近似的通用，即所謂通韻是。顧在齊梁以前，連一個韻書也沒有的。自沈約著四聲譜，聲病之論一時勃興。四聲譜底分類，實爲概略簡易底分類，決沒有如切韻二百六韻底繁細。因齊梁以前底詩人，未曾把韻書奉爲作詩底金科玉律。大概少時由師口傳句讀，遵依字音，自由地選擇同一的發音文字，作爲韻礎罷了。所以後世雖嚴格地區別四聲或文字，但周秦漢魏底作家，往往混同，却沒有不蔑視平仄底區別的。如舜底股肱歌，它把上聲四紙底「喜」。「起」．與平聲四支底「熙」合韻，就可知了。詩經比楚辭通韻底範圍來得廣；漢魏六朝底賦，比唐宋元明詩通韻底範圍也稍廣。這乃是愈古必愈廣。所以後世研究古韻，或就詩經，或就楚辭，或對於漢魏六朝之賦，各自攷覈其結果：宋鄭樵分爲六部，清顧炎武分爲十部，毛奇齡爲五部三聲，江永爲十三部，段玉裁爲十七部。這都是考定古詩通韻底範圍的。但得適合於詩經底，未必得適合於楚辭，得適合於楚辭底，未必得適合於漢魏六朝底賦；字音雖隨時代而推移，抑亦無一定的韻書，大都在個人的底口傳及地方的底發音沒有統一性底緣故。

近體底平仄　至於律詩絕句底平仄法，有二四不同，二六對底法式；有孤平，孤仄，平三連，仄三連底禁忌。這就是我前之所謂句法上有縱的平仄的。律詩絕句底平仄，以每句第二字，第四字，第六字爲主眼。在五言，注意於第二字第四字，在七言則注意於第二字，第四字，第六字，第一，三，五字，比較的看做輕些；於是生「一三五不論，二四六分明」之說了。如清張去病底詩談聲調譜裏有說：『一三五不論，二四六分明者，余昔聞諸趙秋谷先生，微得其概。』寺島尚順底和漢三才圖繪有說：『一三五不論，二四不同聲，二六當同聲，勿用下三連：』是。二四不同者，是說第二字與第四字必不可用同聲的文字。例如第二字用平聲了，那末第四字當用仄聲；第二字用仄聲了，第四字當用平聲是。二六對者，是說第二字與第六字必要用同聲的文字。例如第二字旣用平聲，那末第六字也要平聲，第二字用仄聲，第六字也要仄聲就是。孤平者，爲「仄平仄」底形式，是說一句中挾一個平聲文字兩個仄聲文字。孤仄和孤平適相反對，是爲「平仄平」底形式。平三連者，是說一句底下三字都爲平聲。仄三連者，是說一句底下三字都爲仄聲。平三連易起於押韻句，——五言底第四字，七言底第六字用平聲之時。仄三連易陷於不押韻句，——五言底第四字，七言底第六字用仄聲之時。這四個禁忌中，最應忌的爲孤平。但唐詩人犯孤平的頗多。如王維底送元二使安西詩底「勸君更盡一杯酒。」第二字及第六字都爲孤平。（參照支那文學考，第二篇，第十九章，二三三頁，）何況平三連，仄三連，及孤仄的呢？所以太宰春臺在斥非裏曾說：『句末連下三仄聲三平聲字，倭人嚴禁之；唐詩似不必然。無韻句末連下三仄聲字者，往往有之，殆不暇枚舉；至於有韻句末連下三平聲字者，則唐詩中固不多見，五言如：「豁達胡天開，邊月思胡笳，」七言如：「花枝欲動春風寒，新林二月孤舟還，」可指數耳。」

平起與仄起　律詩，絕句，在句法上有縱的平仄如此。而篇法上復有橫的平仄底制限，所謂「粘」是。粘者，爲相着之義：第一句第二字用平聲底時候，第二，三句底第二字，不得不用仄聲；及到第四句，與第一句首尾照應，在第二字可用平聲。這爲絕句平起底篇法，律詩底平起，不過照此更反覆一次罷了。所以第一句第二字若用仄聲底時候，那末第二・三句底第二字，當都用平聲了；而第四・五句底第二字，同一用仄聲，第六・七句底第二字都用平聲，到第八句與第一句首尾照應，其第二字才可用仄聲。——這爲律詩仄起底篇法。絕句底仄起，照此爲準。實則把一篇律詩折半，便成兩首絕句了。

近體底三要件　又關於律詩絕句底稱呼說起來：律詩，乃是詩之有聲律之謂。指一句之中，調節平仄，一聯之間，以對偶爲要件，並一篇裏須修鍊聲音底浮切與低昂的。雖然，天下古今底詩，將沒有聲律的嗎？絕句有聲律，古詩也有聲律。至限於沈宋以後底八句詩，特稱爲律詩者，乃是沈宋之詩最嚴聲律底緣故。唐獨孤及嘗評沈宋底律詩說得好：「沈詹事宋考功，始裁成六律，彰施五彩，使言之而中倫，歌之而成聲；緣情綺靡之功，至是始備；雖去雅寖遠，其利有過於古，亦猶路鼗出於土鼓，篆籀出於鳥跡；」——見於藝苑卮言。又絕句底稱呼，雖古來諸說紛紜，我却解爲是截句之義。以古詩及律詩爲絕句底母體。（參考支那文學考，第二篇，第二十章。）所以唐以前底絕句，雖本來沒有平仄，可是唐以後底絕句，與律詩有同一森嚴底平仄了。

第三十章　文底三體

古文，駢儷文，與時俗文　古文底盛衰　駢儷文底消長　時俗文底源流　水滸傳與史記古文，駢儷文，與時俗文　詩有三體，文亦有三體：一、古文，二、駢儷文，三時俗文是。所謂古文，是說三代兩漢底文章，並經傳及諸子百家之文。駢儷文是說漢魏以後六朝之文，並指尙修辭重對偶的底。時俗文是爲與古文及駢儷文相對的底平民文學底稱呼，在元以後被認爲大有價値的文學，——即指小說戲曲底文章。

古文底盛衰　古文發源於三代，波及於兩漢，及魏晉以後方被壓倒於駢體。所以唐三百年爲駢體全盛時代；及韓柳起，提倡古文復興，他們底理想，遂被實現於當代。到宋由歐陽修一度羨激韓愈底文集，銳意的熱心地欲復興古文，招致三蘇於麾下，並旗鼓堂堂的攻擊駢體，七百年間不絕如縷的古文底命脈，遂得以復活。直至元明淸學者搢紳，都仰望古文，遂爲中國文學底正宗了。

駢儷文底消長　駢儷文，雖濫觴於魏晉，延長於六朝，氾濫於唐宋；但至宋歐蘇王曾一出，形勢忽然一變，不能恢復舊觀，止於詔，誥，表牋之際，留昔日全勢底殘影而已。因駢體爲古文底變體，原從古文胎生出來的；如把這比之於古文，實似一種畸形兒的模樣。爲什麼呢？因對偶未必專用於駢體，卽經傳諸子也所多見。而把這所以稱之爲畸形文學的：如對偶濫用於全體，且加上一種平仄法，似詩非詩，似文非文底緣故。所以一名四六文，因文中多用四字六字底隔句對。柳宗元底乞巧文裏有說：『駢四儷六，錦口繡心，』也是指駢體文的。但駢四儷六，未必只是唐人慣用底手段。文心雕龍裏有說：『筆句無常，而字有條數，四字密而不促，六字格而非緩，或變之以三五，蓋應機之權節也。』可知在齊梁時代，也有三字句五字句，而以四字句六字句爲常式的了。但當時沒有四六文底稱呼。如宋邵博底聞見後錄裏有說：『本朝四六，以劉筠楊大年爲體，必謹四字六字律令，故曰四六；』是四六的稱呼，以宋代爲始的了。但對於李商隱底文集有樊南四六集底名目，那可知晚唐之頃，已有這個底稱呼了。（參照支那文學考第一篇，第十七章。）

時俗文底源流　時俗文源遠而流長，未必始待元代而產生的。因任何國家莫不有雅言而另有俗語；任何之世，莫不有學者而另有非學者；既有貴族社會，必有平民社會；既有智識階級，必有無智識階級，這是自然的常數。所以古文及駢儷文，是以有學識的貴族為對象所做底雅言的文學；可是時俗文，却以沒有受過教育底民衆為目的，而為俗語的文學；其起源當遠在於元以前。但我特地限定元以後底緣故，是為着元以前底小說戲曲，文學底價值較少；至元，小說戲曲，為長足的進步，變成藝苑底美觀，在中國文學上，發一大光彩呀。試審察元以前底時俗文。漢底虞初小說九百篇，都集錄周底雜事異聞，乃是隨筆體的古文。為什麼呢？因漢代可以看做小說的，像神異經，海內十洲記，漢武故事，漢武內傳，飛燕外傳等，都是純粹的古文。其後六朝，可以被看做小說的：拾遺記，搜神記，搜神後記，續齊諧記及被稱做唐代底傳奇的：海山記，迷樓記，梅妃傳，長恨歌傳，楊太眞外傳，霍小玉傳，章台柳傳等，不但都是古文體，卽楊巨源底紅線傳，元稹底會眞記，段成式底劍俠傳，張文成底游仙窟等，都是駢儷文體。想莫不是當時流行於民間的底俗語的文學。但是文學上沒有可以傳於後世底價值的，自然要歸於消滅。及到於宋，雅言體底小說以外，便產生俗語體底小說了。趙飛燕別傳，驪山記之類，爲雅言體，五代史平話，京本通俗小說，大宋宣和遺事之類，就是俗語體了。把這比之於元底水滸傳，三國志演義，就可知元底小說戲曲，爲時俗文底大宗。

滸水傳與史記　時俗文有章法，句法及字法。而時俗文對於古文及駢儷文底異點，不在章法句法而在字法。金聖歎嘗推稱水滸傳，謂水滸傳出於史記而勝於史記。試將水滸傳比之於史記：如史記底文章，句尾用「也」，「矣」，「焉」，「哉」，「乎」，「邪」底助字，水滸傳沒有，史記有「我」，「吾」，「爾」，「汝」，「彼」，「夫」底代名詞，水滸傳也沒有；水滸傳有「這」，「箇」，「那」，「他」，「你」，「俺」底代名詞，史記沒有；而史記有「之」，「者」，「以」，「則」底轉接詞，水滸傳有「的」，「也」，「便」，「就」底轉接詞，這都是字法上底異同。字法上底異同，雖可以斷定兩者底雅俗，但不能論決兩者文章底優劣。又試將羅貫中底三國志演義與陳壽底三國志比較研究，關於二者底雅俗優劣，當可思過半了。

第三十一章　賦與騷

賦、騷底性質　賦、騷一體　賦、騷底形式

賦、騷底性質　賦與騷，在形式上雖各有特徵，在性質上却同一地出於古詩底。所以關於賦底性質：班固在兩都賦序裏有說：『賦爲古詩之流，亦雅頌之亞者；』劉勰底文心雕龍裏說：『賦出自詩；』李白在大獵賦序裏則說：『賦爲古詩之流，辭欲壯麗，義歸博遠，不然，何以光贊盛美，感天動神哉？』晁補之在離騷新序裏有說：『變風雅曾爲離騷；』至吳訥底文章辯體，徐師曾底文體明辨等，都說它爲古詩之流。又關於騷底性質：楊雄稱『體同詩雅；』王逸評：『屈原履忠被譖，憂悲愁思，獨依詩人之義而作離騷，上以諷諫，下以自慰。』但如劉勰評『楚辭爲雅頌之博徒，詞賦之英傑；』是只知楚辭出於雅頌，而不知屈原以一詩人能服膺敦厚之數，保有羣怨之資；這不是惑於班固之言，以屈原爲露才揚己，遂看做楚辭如異端的嗎？試看宋以後論騷與古詩底關係：如朱熹說：『騷不失古詩底六義，寓情於草本，託意於男女，極游觀之適，爲變風之流；敍事陳情，感今懷古，而不忘君臣之義，爲變雅之類；祀神而語歌舞之盛，是幾近於頌。』祝堯說：『騷係詩之變。』陳傅良說：『屈原變風雅頌而作離騷。』葉盛說：『離騷源於六義，與遠而情親，意切而詞不迫。』何孟春說：『比物連類，三百篇之一體，至楚騷而始多；其詞淚漫，詩人敦厚溫柔之意猶存。』何景明說：『經亡而作騷。』胡應麟說：『離騷爲風雅之衍，詞賦之祖。』陳深說：『離騷爲變風之遺，與比賦錯出而成章。』陸時雍說：『風雅既湮，而離騷繼作，騷誠可爲經矣。』朱瑛說：『屈氏輔翼風雅，宜以離騷爲詩傳。』沈德潛說：『離騷係詩之苗裔。』都是看破古詩與騷底同源而異派的了。

賦、騷一體　騷底名稱，是由離騷而來。離騷本爲一篇底固有名詞，以騷爲楚詞全體底總體，且不可；何況把這爲韻文界一種文體底名稱？是獨立於賦之外，當更不可了。但是在文選裏，屈原，宋玉及劉安之作，不入於賦中，別立一門，名之曰騷，後人把這置之德外，遂分賦騷爲二種了。可是班固底藝文志裏，稱之爲屈原賦二十五篇，以離騷爲一篇底名目，入之於二十五篇中，是不但爲賦底總稱了。又在藝文志裏說：

　　春秋之後，周道寖壞，聘問歌詠，不行於列國，學詩之士，逸在布衣，而賢人失志之賦作矣。大儒孫卿，及楚臣屈原，離讒憂國，皆作賦以風，咸有惻隱古詩之義。

又摯虞底文章流別論裏有說：

　　前世爲賦者，有孫卿屈原，尙頗有古詩之義；至宋玉則多淫浮之病矣。楚辭之賦，賦之善者也；故揚子稱賦莫深於離騷，賈誼之作，則屈原儔也。

像這些，都是視屈原底騷與荀卿之賦爲同一的了。是騷底稱呼，不得不說昭明太子爲始。所以祝堯底古賦辨體裏有說：『屈子離騷，卽古賦也；』又說『自漢以來，賦家體製，大抵皆祖於是。』這是能幾獲班固摯虞之旨了。吳訥底文章辨體，論賦騷多取祝堯之說，也是這個緣故哪。

賦、騷底形式　就賦，騷底形式，察其異同與優劣；賦底句法，雖混用三字句，四字句，五字句，六字句，但幾同散文體底句法。而騷底句法，雖說稀用五字句及七字句，可是以六字句爲多。這也是與賦、體不一致的。賦騷底句法不一致底地方：第一，句讀中用「兮」字爲語助，第二，句中用「其」，「之」，「於」，「以」，「而」等爲接續的助字，這是騷底特徵，賦所無之。第一特徵，卽句讀中用「兮」字，爲楚人慣用底語助。見於論語底楚狂接輿歌，及載於孟子底孺子滄浪歌，已發用「兮」字爲語助之端了。是可知屈原宋玉底賦，用「兮」字，也根據於楚底方言了。至漢代所以稱屈宋之賦爲楚辭者，宋黃伯思曾說：「屈宋諸騷，皆書楚語，作楚聲，記楚地，名楚物，故可謂之楚辭。」顧楚辭之書，雖成於劉向底編集，但楚辭底名稱，未必係劉向所首唱。漢書朱買臣傳裏有說：「嚴助薦買臣，召見說春秋，言楚辭，帝甚悅之。」又在王褒傳說：「宣帝修武帝故事，徵能爲楚辭者九江被公等」；是可知楚詞底稱呼，在劉向以前，已流行着了。同時足知騷底特徵，在「書楚語，作楚聲」的了。第二特徵，卽在句中用接續的助字，如：

日月忽行其不淹兮，春與秋其代序。

惟草木之零落兮，恐美人之遲暮。

飲余馬於咸池兮，總余轡於扶桑。

折若本以拂日兮，聊逍遙以相羊。

世混濁而不分兮，好蔽美而嫉妬。

等，皆是。如張蔚然底西園詩塵裏，論騷底體製說：「騷之爲體，非詩非賦非文，亦詩亦賦亦文；自騷經，至大招，篇章幾許，而千百世爲詩爲賦爲文者，取給不竭焉。」可謂能論騷底特徵，幷辨賦與騷爲二而一，一而二的哩。參考支那文學考，第二篇第二十三章，第二十四章，第二十五章。

第三十二章　詞與曲

詞曲底稱呼　宋詞底隆盛　元曲底胎生　北曲與南曲　詞底源流　曲底源流

詞曲底稱呼　宋詞元曲，各代表那個時代底特長，實可與漢文唐詩相對稱的。詞一稱「詩餘」，又叫「塡詞」，或曰「倚聲」。叫「詩餘」者，是取詩底餘流底意義；叫「塡詞」者，是取按成格塡充文字底意義；叫「倚聲」者，是取倚平仄成章底意義。曲乃戲曲之謂，或稱「雜劇」，或叫「傳奇」。「雜劇」係對雅樂之稱，可說以民衆爲目的底戲劇。「傳奇」乃是傳正史以外底逸事奇聞底意義；唐時係小說之稱，到明以後，方爲戲曲之稱了。

宋詞底隆盛　詞爲詩底源流，以歌詠爲目的的。若說元曲是濫觴於此，那末宋詞也可說是一代底歌劇了。但看這是否是文學上底進步，却待考慮的問題。倘以爲這是詩學底進步，那末爲什麼叫這爲「詩餘」呢？餘流，不是指着末勢委靡底意味嗎？倘以爲這是詩道底退步，那末不得不疑宋底詩人，又爲什麼苦心地作詞呢？我現在以爲宋詞底隆盛，乃是斷言它對唐詩翻了叛旗，想開拓新的自由的天地，而謀野心底成功的。爲什麼呢？因詩經三百篇，爲姬周底新樂府，並四言詩底至精者。漢魏底古樂府，爲二代底新樂府，並五言詩底至粹者。唐底絕句，爲李唐底新樂府，並五七言詩底至醇者。宋底詩人，一般地好勝，想抗衡唐人，但自覺欲以絕句出唐詩之上是很難的，旣想在詩學上開拓新的天地，遂由長短句而成一種新體詩了。這不是他們想在野心底成功嗎？詩經底周頌三十一篇，長短句居十之九，漢郊祀歌十九篇，長短句居十之五，那末詞底長短句，實肧胎於此，抑亦欲超脫積年因襲下來的五七言底成格，而爲他們野心底出發點。但詞底平仄法與押韻法，很是複雜，沒有一定的原則，每篇每句，各異矩矱，這却未必是他們底好煩。宋人概疎於音律，想他們底詞，本不拘泥於平仄自由地發舒胸臆，取以相合於管絃的。這不是百人百題，各殊其平仄法底所以嗎？後世却作爲圖譜，分題立章，依圖塡詞，隨譜諧聲。是當初底詞，矩矱最爲自由，不敢拘於形式；後世之詞，法度最爲窮窟，句櫛字比，徒刻意於末技了。這樣的詞，自沒有向上進步底餘地；自明以後，氣息喘喘，所以只在戲曲中留些殘影了。

元曲底胎生　詞雖能產生戲曲，戲曲却於詞之外再加上科與白。所以詞雖爲戲曲底骨髓，戲曲實以詞爲中心；那末戲曲底發生，正是詞衰亡之兆了。爲什麽呢？——戲曲中底詞，與宋詞不一致，看欽定曲譜和欽定詞譜底不同就可知道了。

北曲與南曲　曲有南北：北曲起於元初，南曲興於元朗之交。北曲取黃河流域底聲音，南曲取長江流域底聲音。所以北曲爲投北人底嗜好，南曲是諧南人底耳目。如藝苑卮言裏有說：

> 三百篇亡，而後有騷賦；騷賦難入樂，而後有古樂府；古樂府不入俗，而後以唐絕句爲樂府；絕句少宛轉，而後有詞；詞不快北耳，而後有北曲；北曲不諧南耳，而後有南曲。

雨村曲話裏有說：

> 三百篇後，變而爲詩；詩變而爲詞；詞變而爲曲；詩盛於唐；詞盛於宋；曲盛於元之北；北曲不諧於南，而始有南曲；南曲則大備於明。

這都是闡明詞曲底源流的。試舉北曲與南曲底異同：北曲底特長，在勁切雅麗；南曲底特長，在清峭柔遠。北曲剛有餘，足見北方底強底意氣；南方柔有餘，是存南方底強底態度。北曲底折數，以一本四折爲常式，而南方底齣數，則沒有一定。北曲爲一折一韵，而南曲不爲一齣一韻的。北曲爲一人底獨唱，而南曲唱者常有數人。北曲裏有楔子，南曲裏有引子。過曲，慢詞，近詞等。北曲裏襯字多，而南曲少；北曲裏沒有入聲，而南曲裏有入聲。北曲底樂器，以絃爲主，南曲底樂器，以板爲主。北曲底名家：被評爲「花間美人」的王實甫，著西廂記以下十四種；被評爲「朝陽鳴鳳」的馬致遠，著漢宮秋以下十二種；被評爲「瓊林醉客」的關漢卿，著竇娥冤以下五十八種；南曲底名家：有著琵琶記底高則誠，著幽閨記底施君美，著還魂記底湯顯祖，著燕子箋底阮大鋮。

詞底源流　倘溯詞底起源，那末苕溪漁隱叢話裏所說：『唐初歌詞，多是五言詩，或七言詩，初無長短句，自中葉以後至五代，漸變成長短句，及本朝則盡爲此體；』是宋詞底起源，歸於五代，由句法底長短而來的。五代爲文學底黑暗時代，五十年間五次革命，名教業已墮地，學問文章，都歸荒亡。其時如蜀後主王衍，好聲曲而爲哀怨之辭，南唐之主李煜，尙文雅而作輕艷之曲，風流韻事，稍爲可觀。他們都是忘社稷與黃生的君主，他們底作品，都爲亡國文學。宋太祖嘗評李煜說：

『李煜若以作詞工夫治國家，豈爲吾所俘也？』實爲剴切之言。但宋詞實從玆而出，爲不可疑的事實。惟宋底詩人，一轉這個亡國性底文學，進化而爲與國性底文學，功勞不少。如尤侗所說：『唐詩以李杜爲宗，而宋詞蘇軾陸游辛棄疾劉克莊，有太白之風，秦觀黃庭堅周邦彥柳永得少陵之體，此又畫疆而理，聯騎而馳者也。』可謂能發揮宋詞底價値。因宋多詞人，在北宋如柳永，晏殊，張先，歐陽修，蘇軾，晏幾道，賀鑄，秦觀，黃庭堅，周邦彥等，都可推一世底詞傑。而在南宋如姜夔，辛棄疾，陸游，李淸照，史達祖，高觀國，吳文英，蔣捷，五沂孫，張炎，劉克莊等，且更優而足壓倒北宋底詞傑。唯藝苑巵言裏有說：

詞須宛轉緜麗淺至儇俏，挾春月烟花於閨幨內奏之，一語之艷，令人魂絕，一字之工，令人色飛，乃爲貴耳。至於慷慨磊落縱橫豪爽，抑亦其次，不作可耳，作則寗爲大雅罪人，勿儒冠而胡服也。

如文體明辨謂詩餘以婉麗流暢爲美，却更進一步說：

論其詞則有婉約者，有豪放者；婉約者欲其辭情醞藉，豪放者欲其氣象恢弘，蓋雖各因其質，而詞貴感人；要當以婉約爲正，否則雖極精工，終乖本色，非有識之所取也。

都似蔑視宋詞特色底半面，而左袒五代底浮華了。所以我以爲與其取這二家所說，毋甯取四庫全書提要（東坡詞）所說：

詞自晚唐五代以來，以清切婉麗爲宗。至柳永而一變，如詩家之有白居易；至蘇軾而又一變，如詩家之有韓愈；遂開南宋辛棄疾等一派。尋源溯流，不能不謂之別格。然謂之不工則不可。故至今日尙與花間一派並行，而不能偏廢。

較爲穩妥得當。

曲底源流　若溯曲底起源：在隋時將樂分爲雅俗，是爲欲保存雅樂而不奬勵俗樂；到唐高祖時，設內教場於宮中，方奬勵俗樂了。何況玄宗之時，左右教場置於京都，而專掌俳優雜伎之事呢。右教場在光宅場，以歌爲主；左教場在延政場，以舞爲主；以中官爲教場使。從此俗樂盛行，雖不復隸屬太常，但當時在教場教習的歌舞，爲對於雅樂底一種喜劇，以滑稽戲謔爲目的，猶日本底狂言，對於謠曲爲輔助的。如唐書底禮樂志裏說：「置內教場於蓬萊宮側，居新聲散樂倡優之伎，有諧謔而賜金帛朱紫者。」就是說那時底狀態的。雖不能確知當時已有戲劇底名稱與否？但到宋，已有雜劇之稱：朱子議詳當時底詩風，如村裏底雜劇，即瞭然了。宋底雜劇，在宮中歲時宴饗之際，舉行小兒隊，女童隊底舞，爲餘興之一，滑稽裏常寓警戒。吳自牧夢粱錄裏曾說：「大抵全以故事。務在滑稽，唱念應對，本於鑒戒又隱於諫諍。」而到了南宋底雜劇，不但只以滑稽戲謔爲主目的，且簡單地依據歷史上底人物，具備曲，科，白三者；庶幾發元曲之端了。及宋南遷，金掩有長江以北底中原，乃大振興文藝，金時戲劇，所以有院本雜劇底稱呼。院本乃是行院本之義。如行院爲倡優底居所，那末行院本，便若倡優演戲底脚本了。可是院本，不可獨立於雜劇之外，可知名雖二而實爲一的呢。

第四篇　結論及餘論

第三十三章　結　論

詩人底天職　詩經與楚辭　有情化與意識化　自然觀　風底文學　雲底文學　日底文學　花底文學　星底文學　其他的悲觀文學

詩人底天職　詩人倘亦是人子，並爲現實社界底一員；那末對於詩人之筆所作底詩歌，當然也以人情爲出發點的。所以詩人底天職：在主觀的，或客觀的，記人生底行程，敘人事底甘酸，表明自己底立場，同時映畫天地自然底萬象；那末詩人寫自己底實境，敘自己底眞情，盡自己天職底一分，因是而得達到自己底滿足，或慰安自己底不平。——不但是滿足與慰安自己，他人與我站在同一的境遇的，讀我底詩，得自行滿足，取我底詩，也得自己慰安。這是詩人以文字博知己於天下後世底所以。詩歌底生命，在於永久不滅。唯王世貞能明此中底道理，嘗說：「實境詩於實境讀之，哀樂便自百倍；」實先獲我心，這是因他所親自體驗底。昔者如王褒讀毛詩至蓼莪底「哀哀父母，生我劬勞；」三復而流涕；如王敦酒間常高歌魏武底「老驥伏櫪，志在千里；」以如意擊唾壺為節，而唾壺盡缺；如宋之問歎賞劉希夷底「年年歲歲花相似，歲歲年年人不同；」意欲在這詩，未曾流傳世間之時，將自能得此名句；如王世貞讀劉琨底「豈意百鍊剛，化為繞指柔？」而酸鼻；讀杜甫底「千秋萬歲名，寂寞身後事；」而黯然；這都不是「實境詩于實境讀之，哀樂便自百倍」了嗎？

詩經與楚辭　中國文學，雖有理智感情底兩方面，但歷代詩人，與其說是理智，甯尙感情；感情在時間的無古今之差，空間的沒東西之別。詩經三百篇，為感情文學，從孔子底所謂「思無邪」而出發的。所以三百篇底生命，經春秋到戰國，尙不滅。試思春秋二百四十年底衰世，孟子所謂「詩亡然後作春秋」底時代。而當時列國底大夫，從事國際的會同聘問，在燕饗之際，必賦詩經底詩，用以發表自己底感情思想，這就可知春秋時代詩經底生命尙未滅亡底原因了。經秦逮漢，復不見昔日底會同聘問，燕享之際，賦詩底事情，自然也廢絕了。可是詩經底詩，尙依然被引用於漢人底對策奏疏裏，這爲火坑後蘇生底異觀。楚辭，也是感情文學，一片思君懷國，全爲至誠底發露。尤其離騷一篇，司馬遷底所謂「生於怨，而作於憂愁幽思之餘」的。江河之流，萬古不盡。日月之光，日日常新。離騷，實爲江河萬古之流，其光彩可永久地與日月爭光。這些都可卜知感情文學價值之大了。

感情本位底中國詩人，對天地自然底萬象，務以感情的解釋：很多把無情的有情化，無意識的意識化。即如說「落花有情，」「流水豈無心？」皆是。白樂天底客中月裏說：『誰謂月無情？千里遠相逐！』徐夤底日月無情詩裏說：『日月無情也有情，朝升夕沒照均平；雖催前代英雄死，還促後來賢聖生。』也莫不如是。

自然觀　試考察詩人對天地自然底態度：四時底文學，春秋之作比夏冬爲多。因春生歡樂，秋感悲哀　爲人情底所同；那末對春花春鳥暢歎緒，對秋風秋月催哀情，是詩人底常態。所以秋底詩，叙悲觀的——秋思，秋興，秋懷，秋聲——總比較樂觀的——秋成秋實——爲多。一葉落而知天下秋。秋底肅殺，多詩人悲觀的材料。如管丞相有秋思詩，潘岳有秋興賦，杜甫有秋懷詩，歐陽修有秋聲賦皆是。而春本爲陽氣之所發，萬物底化生，且爲春底特徵，但在詩人底眼裏，尙有悲觀底所在。如劉希夷叫楊柳爲傷心樹，桃李爲斷腸花；高適謂柳條不忍見，梅花空斷腸；杜甫說花濺淚，鳥驚心等都是。

可憐楊柳傷心樹，　可憐桃李斷腸花。（劉希夷，公子行。）

柳條弄色不忍見，　梅花滿枝空斷腸。（高適，人日寄杜二拾遺）

感時花濺淚，　恨別鳥驚心。（杜甫，春望，）

這種春思，春愁，春恨，春怨底文學，都爲悲觀化；殆如秋思，秋興，秋懷，秋怨同一情調。像賈至底春思，王昌齡底西宮春怨，都是悲觀的敘情詩。但秋思，秋興，秋懷，秋怨雖爲男女共通的悲觀文學，而春思春怨，專屬於女子底悲觀文學。像毛詩七月傳裏：『春女悲，秋士悲，感其物化也；』也是春愁屬於女，而秋悲屬於男的。可是像古樂府底落梅花，折楊柳，並不是敘烟火三月士女行樂之狀，却是敍悲觀的懷鄉之情，而爲男女所共通的。如：

此夜曲中聞折柳，何人不起故園情!?（李白，春夜洛城聞笛）

黃鶴樓中吹玉笛，江城五月落梅花。（李白，聽黃鶴樓上吹笛）

風底文學　風底文學：秋風比春風爲多，西風比東風爲多，猶之對於四時：取詩材於秋底肅殺，比春底化生爲多。宋玉底風賦，敘大王底雄風與庶人底雌風，是唱道風也有悲觀與樂觀二種。又漢武帝底秋風辭，『秋風起兮白雲飛，草木黃落兮雁南歸；』這種悲歌慷慨，却不如後之効顰詩人『歡樂極兮哀情多，少壯幾時兮奈老何！』發悲歎的爲多。如唐李嶠底汾陰行，也是這種。

雲底文學　雲底文學，白雲比青雲爲多。青雲是有積極的富貴功名底意義，而白雲則消極的隱棲超脫的氣味居多。但青雲，古來有二義：史記范雎傳中所說底青雲爲積極的意義；而續逸民傳裏『嵇康早有「青雲」之志，』却消極的底意義。又在張九齡底詩裏有說：『宿昔青雲志，蹉跎白髮年，』是積極的底，而顏延年底五君詠裏詠阮咸說：『仲容青雲器，』乃是消極的底。而岑參寄左省杜拾遺詩：『白髮悲花落，青雲羨鳥飛，』關於這「青雲」，古來注釋家，却生了兩說。把青雲二字用作消極的意義，雖然是破壞我前之所謂「青雲含有積極的富貴功名底意義」之說；但反足證明我所根本主張的詩人多悲觀的思想底論調。至於白雲，像王維底送別詩裏說：『但去莫復問，白雲無盡時；』是把白雲看做隱者底好伴侶。這個思想，是胚胎於——齊陶弘景底賦詩以答「詔問山中何所有？」他說：『山中何所有，嶺上多白雲；只可自怡悅，不堪持贈君，』的呀。

日底文學　關於日，「夕陽」，「落日，」底題目，比「朝暾」，「旭日」底題目爲多。尤其是唐以後底詩，夕陽，落日，夕照，落照爲題，敘日沒底光景底多數，倍於朝日，曉日，早日，初日爲題而寫日出底壯觀的。但唐以前底詩人，却未必然。所以唐以前底樂府裏，有日出行，日升歌，而無日沒行，可卜知六朝詩人底意嚮了。

花底文學，　關於用花以爲詩材的，與其說以滿開之花，毋甯說以落花爲多數。因愛花底美，雖爲人之當然；可是詩人底境遇，已過去了青年時代，正向落花底時節，唐詩底所謂；「破鏡不復照，落花難上枝，」底感想爲最適切的了。所以佢們底多數，不耽樂滿開底花，常對落花底風，催無限的感淚呀。

洛陽城東桃李花，　飛去飛來落誰家？（劉希夷，代悲白頭翁）

正是江南好風景，　落花時節又逢君！（杜甫，逢李龜年）

像右所述的，便是。

星底文學，關於星，取牽牛織女爲詩材的，比五星，比辰爲多。王建底宮詞裏有說：「玉階夜色涼如水，臥看牽牛織女星，」情最痛切。而文選底古詩十九首中，被稱爲枚乘之作的：『迢迢牽牛星，皎皎河漢女』一首，與「臥看牽牛織女星」出於同意想的。

其他底悲觀文學　其他自歸雁，秋蟬，去燕等，到霜露，蟋蟀，鷓鴣之類，都是詩人假這些材料而寫出悲觀的感情的。那不是古來「詩人之眼多淚」底所以嗎？

第三十四章　餘論

形文與聲文　文學底聲律　六朝底聲律論與唐宋以後底潮流　五音之別　四聲之別　四聲論底隆替　八病之說　雙聲叠韻底稱呼　雙

形文與聲文　文學有可見底形與可聞底聲。有形就有色，有聲便有律，已於第一章辯析過了。形者，積字而成句，成句而成章之謂。色者，濃淡疏密，能發揚文底光彩之謂。聲呢，是說關於字有音韻；而律呢，是說調節聲底大小，強弱，清濁，高下，並能和五音暢四聲的呀。沈約底宋書謝靈運傳裏說：「五色相宣，」是稱文底色彩；「八音協暢，」是稱文底音節。因文學，形色與聲律，同爲必要，猶如人生需要繪畫與音樂一般。繪畫，爲以五色訴之於人底視官底藝術，這就叫做形文。音樂爲以五色訴之於人底聽官底藝術，這就叫做聲文。文學底形與色，即爲形文而近於繪畫底文學底聲與律，即爲聲文，而近於音樂底，這就是文學，有藝術的價值底存在底所以了。姚姬傳底答翁學士書裏說：「詩文皆技也，技之精者必近道；」是把文學看做藝術；而劉海峯底論文偶記裏有說：「神氣者，文之最精處也；音節者，文之稍粗處也；字句者，文之最粗處也。然予謂論文而至於字句，則文之能事盡矣。蓋音節者，神氣之跡也；字句者，音節之矩也。神氣不可見，於音節見之；音節無可準，以字句準之。』是看破文學上形文與聲文底不可偏廢了。

文學底聲律　關於文學底形，已於第三篇形式論裏敘述過了。現在單關於文學底聲，聊加以說明。中國文學底聲律論，是基因於佛教傳來底結果，及聲韻學底進步，爲齊梁之際所勃興的。所以晉宋詩人及文章家，都莫不企圖於達意以外底修辭之美。試閱潘，陸，顏，謝底詩集文鈔，可知他們底理想怎樣地傾倒於形色呀。但是說到聲律，在梁齊之際，由王融底提倡，沈約底宣傳，始聳動一世底耳目。從這以後，天下底學者詩人，或辨五音，或論四聲，或談八病，或唱雙聲叠韻，這不得不說是文學上底進步。鍾嶸底詩品裏說：『齊有王元長，嘗謂余曰：「宮商與二儀俱生，自古詞人不知之；惟顏憲之(顏延之，字延年，謚憲)乃云律呂音調，而其實大謬。惟見范曄謝莊頗識之耳。」』所以范曄底後漢書論贊，謝莊底賦表，能協暢而不滯澀的了。他又說：『嘗欲進知音論，未就。五元長創其首，謝朓沈約揚其波，士流景慕，務爲精密，襞積細微，專相陵架，故使文多拘忌，傷其眞美。」蕭子顯底南齊書文學傳裏說：「永明末，盛爲文章：吳興沈約，陳郡謝朓，琅琊王融，以氣類相推轂。汝南周顒，善識聲韻。約等文皆用宮商，以平上去入爲四聲，以此制韻，不可增減。世呼爲永明體。」李延壽在南史陸厥傳裏說：「沈約，謝朓，王融等文，皆用宮商，將平上去入四聲制韻，有平頭，上尾，蜂腰，鶴膝。五字之中，音韻悉異，兩句之內，角徵不同；不可增減。世呼爲永明體。」又庾肩吾傳裏說：「齊永明中，王融謝朓沈約文章，始用四聲，以爲新變；至是轉拘聲韻，彌爲麗靡，復踰往時。」便可知永明體底特色，在四聲底諧和，同時知道王融，沈約，謝朓，爲永明底領袖了。

六朝底聲律論與唐宋以後底潮流　王融，字元長，嘗爲武帝作曲水詩序；於是「五生之作，優於顏延年，」博嘗時底好評。而他爲聲律論底提倡者，徵之詩品便知。又如沈約底宋書謝靈運傳底論贊裏說：「夫五色相宜，八音協暢，由乎玄黃律呂，各適物宜。欲使宮羽相變，低昂互節，若前有浮聲，則後須切響。一簡之內，音韻盡殊，兩句之中，輕重悉異，妙達此旨，始可言文。自騷人以來，此秘未覩，至於高言妙句，音韻天成，皆暗與理合，非由思至；』也足知他底眼底認識文學底色與聲了。但陸厥底與沈約書裏說：『范詹事云：「性別宮商，識清濁，斯自然也：觀古今文人，多不全了此處，縱有會此者，不必從根本中來。」沈尚書亦云：『自靈均以來，此秘未覩，或暗與理會，非由思至。但觀歷代衆賢，似不都闇此處，而云此秘未覩，近於誣乎？』按范云「不從根本中來」，尚書云，「非由思至，」斯可謂揣情謬於玄黃，摘句差其音律也。范又云「時有會此者，」尚書云「或暗與理合，」則美詠清謳，雖有差謬，亦有會合；』可知他們底所見，也不相一致的了。降至唐宋時代，四六駢儷之文，不但兼備形文與聲文，看韓愈底答李翊書，蘇軾底議學校貢舉劄子，是說古文也有聲律底必要的。（參照本書第二十三章）何況清劉海峯姚姬傳等，都是尙聲律講節奏的呢。如海峯在論文偶記裏說：

『文章最要節奏，譬之管弦繁奏中，必有希聲窈渺處。』姬傳底答翁學士書裏說：『意與氣相與而爲辭，然後有聲音節奏高下抗墜之度。』都是。

五音之別　五音是指「宮商角徵羽。」四聲是說「平上去入。」八病是叫「平頭，上尾，蜂腰，鶴膝，大韻，小韻，旁紐，正紐。」五音之別，本來是樂律上底稱呼。而魏李登底聲類十卷，即由五聲分類文字；晉呂靜底韻集五卷，也做這個，而爲宮商角徵羽各一篇。所以晉宋以前底詩人，都是從五音而講聲律的。像王融論宮商，陸厥論五聲都是。李東陽底麓堂詩話，有說：『詩有五聲全備者少，唯同宮聲者爲最優；蓋可以兼衆聲也。李太白杜子美之詩爲宮，韓退之之詩爲角，以此例之，雖百家可知也。』阮元底書聲類拾存後有說：『李登聲類，以五聲命字，尙無四聲之謬說；今時言韻者，論古聲於去入二聲，終多疑惑；使李氏部份尙存，其去入二聲分平上，必有確足據者。』也是左祖五音說的。

四聲之別　四聲之別，齊梁以後底詩人，都所遵奉。而沈約底四聲譜，周顒底四聲切韻，王斌底四聲論，張諒底四聲韻林，劉善經底四聲指歸，夏侯詠底四聲韻略，陽休之底四聲韻略等，都是行於唐以前底韻書。但沈約與周顒之作，孰先孰後，却莫由確知了。如文鏡秘府論裏有說：『宋末以來，始有四聲之目，沈氏乃著其譜論，云起自周顒，』是周顒之作，似在沈約之前；但梁書沈約傳說裏有說：『約又譔四聲譜，以爲在昔詞人，累千載而不寤，而獨得胸衿，窮其妙旨，自謂入神之作；』那末沈約之著，又似在周顒以前了。

四聲論底隆替　四聲底稱呼，始於齊梁之世，所以當時底詩人，沒有不知四聲的。可是雖已知這，而不能滿足。梁武帝欲博洽通識，嘗與沈約，謝朓，任昉等，稱爲竟陵八友。而他不知四聲，屢問於人，周捨對曰，『天子聖哲，』朱异答說『天子萬福，』沙門重公則對謂『天保寺剎。』後魏底甄琛，原也是一代底偉人。他却詰難沈約底四聲譜，謂不依古典，妄自穿鑿；並摘發約少時所作詩文，與他底四聲譜，多所乖舛。王觀國底學林，引南史說：『沈約論四聲，妙有詮辨，而諸賦亦往往與聲韵乖。』且以『約自謂窮其妙旨，而反致矛盾何耶？』去詰他，是與甄琛同一意見。鍾嶸也在詩品裏說：『余謂文製本須諷讀，不可蹇礙，但令清濁同流，口吻調和，斯爲足矣。至平上去入，則余病未能。』這般諸士，都是對於四聲之別，有不樂意的。但是隋底切韻，宋吳棫底韻補，明底洪武正韻，清底佩文韻府等韻書，立四聲之別，都不是遵沈約周顒底遺型嗎？且初唐底沈宋二家，是啓律詩底法門，四聲底價值，遂更高了。元兢崔融等，都是盛論聲調說病累的。其後宋元明清四朝一千年間，雖或分一百七韻，或分七十六韻，或分一百六韻，可是不曾撤廢四聲之別的。是可知沈約周顒底勢力範圍，得及於永遠地後世了。

八病之說　八病之說，是爲沈約底理想論，不但是齊梁底詩人，多犯這個，即他自身之作，也沒有不犯這個的。何況唐宋以後底詩人，怎能一一墨守這個呢。元兢底詩髓腦裏說：『大韵病不足累之，如能避者彌佳；若立字要切，於文調暢，不可移者不須避之。小韻病輕於大韻，近代咸不以爲累之。傍紐病更輕於小韻，文人無以爲意者。正紐病輕重與傍紐相類，近代咸不以爲累，但知之而已。」是知平頭，上尾，蜂腰，鶴膝之病，而不顧大韻，小韻，傍紐，正紐的。皎然底詩式裏有說：「沈休文酷裁八病，碎用四聲，故風雅殆盡。後之才子，天機不高，盡沈生弊法所媚，惘然隨流，溺而不返。」是一總否定八病之說的。作文大體裏有說：「凡詩有八病，其尤可避者，平頭，上尾，蜂腰，鶴膝，此四病也。平頭病者，近來不去之。」是與詩髓腦之說合一的。而魏慶之底詩人玉屑裏有說：「八病中，唯上尾，鶴膝最忌，餘病皆通；」楊愼底丹鉛總錄，及王世貞底藝苑巵言裏所說：「沈休文所載八病，以上尾，鶴膝爲最忌。休文之拘滯，正與古體相反，唯近律差有關耳。然亦不免商君之酷。」是對於大韻，小韻，傍紐，正紐以外，也蔑視平頭，蜂腰二病的。我國（按指日本）中井竹山底詩律兆，贊同楊愼之說，有說：「是說確矣。予嘗就唐詩考之，其犯八病者疊見層出；不可枚舉也。則唐氏之廢沈法，章章乎實如升庵所辯。」更攻擊王世貞說：「按升庵是說，又載藝苑巵言而不差一字；

升庵已為先輩，則弇州不免於剿說。』而王世懋底藝圃擷餘裏有說：『蜂腰，鶴膝，雙聲，疊韻；休文三尺法也；古今犯者不少，甯盡被汰邪？』是世貞以外底一總否定八病的。但唐以後近體詩底聲律，實胚胎於這。所以唐底詩人，不嚴格地禁忌八病，也如我國（按指日本）底詩壇，在王朝時代，意外地恪守八病說為金科玉條一般。大江匡衡與紀齊名，關於蜂腰之病，曾彼此互相論難，這事載在本朝文粹。（按這指日文書籍）如據藤原佐世底現在書目錄，當時已在日本，有詩病體一卷，詩八病一卷，八病詩式一卷等，都是由中國公使及留學生所流入的。因之把詩學上底八病，適用於和歌，且有以平頭稱「岸樹」，上尾稱「頭尾」，蜂腰叫「游風」的。至於八病底說明，詳在支那文學考，第二篇，第十七章，現從略。

雙聲疊韻底稱呼　雙聲疊韻底稱呼，雖始於宋齊之世，但應用於詩歌底製作上，却創於殷周之際。詩經裏多雙聲，又多疊韻。杜甫之詩，也多雙聲疊韻。所以清王筠著毛詩雙聲疊韻說，周春著杜詩雙聲疊韻譜。洪亮吉底北江詩話裏，有說：

「三百篇無一篇非雙聲叠韻，降及楚辭與淵（王褒字子淵）雲（揚雄字子雲）枚（枚乘）馬（司馬相如）之作，以迄三都兩京諸賦，無不盡然。唐詩人以杜子美爲宗，其五七言近體，無一非雙聲叠韻也。」這不宜的嗎？但是雙聲叠韻底稱呼，不見於魏晉以前。南史底謝莊傳裏有說：「王玄謨問莊，曰：「何者爲雙聲？何者爲叠韻？」答曰：「元護爲雙聲，碻磝爲叠韻。」」文心雕龍裏有說：「雙聲隔字而每舛，叠韻雜句而必睽，」是雙聲叠韻底名稱，當起於宋齊之際了。

雙聲叠韻底定義　關於雙聲叠韻底定義；在宋王觀國底學林，魏慶之底詩人玉屑裏，是指雙聲爲同音而不同韻，叠韻爲同音而又同韻的。在王筠底毛詩雙聲叠韻說，周春底杜詩雙聲叠韻譜裏，是叫兩字同母爲雙聲叫兩字同韻爲叠韻。在黃叔琳底文心雕龍注裏，以二字同一字母爲雙聲，二字同在一韻叫叠韻。他們底所謂字母，是流行於唐以後，尤其是指宋司馬光，鄭樵等所宣傳的「見」，「溪」，「郡」，「疑」等三十六字母；他們之所謂韻，是指一東二冬以下底一百六韻。倘換句話說，那末雙聲就是說二字頭音相同，疊韻就是說二字尾音相同。例如「詰曲」，「陸離」，「陸梁」，「髣髴」之類爲雙聲，「詰屈」，「滅裂」，「崔嵬」，「徘徊」，「爛漫」之類爲疊韻。

雙聲疊韻未必是詩病　但是有一個問題要研究的，就是雙聲疊韻，是不是詩病呢？自藝圃擷餘裏說：『蜂腰，鶴膝，雙聲，疊韻，休文三尺法也。古今犯者不少，甯盡被汰邪？』詩法度針裏，把雙聲疊韻爲八病以外底二病；騷壇八略裏，把雙聲疊韻，入於八病之中，特別地把平頭，上尾二病除外。可是把雙聲疊韻爲詩病而一一淘汰之，那末天下之詩，殆大都無以成章了。因八病中底大韻小韻，是指疊韻特別地病累化底場合；傍紐正紐，是指雙聲特別地病累化底場合。中井竹山底詩律兆裏有說：『八病中旁紐，正紐，俱自雙聲而推；大韻小韻，俱自雙聲而分；』實獲我心。是文心雕龍裏所說：『雙聲隔字而每舛，疊韻雜句而必睽；』可知決不是下雙聲疊韻底定義，是爲二者底病化底特別的場合而說明的。

附錄

一　貴族文學與平民文學

胡行之編述

文學底表裏　中國的社會，自儒教倫理霸佔思想界以來，表面所活動的，卽是整個的貴族氣味。於是從文學上講，也只知道貴族文學，數千年中國文學，祇被看做一部古文傳統史。其實中國文學，表面所被人看重的，雖是貴族文學；內面有生氣的活躍着，而融入於全體民衆裏的，却早有了平民文學。

貴族文學與平民文學底區分　貴族文學與平民文學底區分，依中古文學概論，可由四方面去解釋：

（1）　由內容方面區分貴族文學和平民文學：

（甲）貴族文學　取材於書本——取材於宮廷，——崇拜君權。（例如長林賦，羽獵賦之類）

（乙）平民文學　取材於社會——取材於民間，——摹寫人生。（例如戰城南，上邪之類）

（2）由形式方面區分貴族文學和平民文學：

（甲）貴族文學　用一定方式——古典的——堆砌的。（如漢魏六朝詞賦，及文人所作之詩。）

（乙）平民文學　無一定方式——寫實的——生動的。（如清商曲辭，句法長短，皆無一定，而眞實自然。）

（3）由作者底身分和位置區分貴族文學和平民文學：

（甲）貴族作者　智識階級（如班固賈誼等，）官僚（如揚雄，司馬相如等，）有名望者（如建安七子等。）

（乙）平民作者　非智識階級（如元代曲家之類，）非官僚（如國風，皆里巷男女所作，）無名者（如鼓吹二十二曲，皆無名氏。）

（4）由音樂方面區分貴族文學和平民文學：

（甲）貴族文學　不能協音律（不可歌；歌亦不能聽。）與音樂無關（雅，頌，大予樂等，皆人爲音律，非自然音律。）

（乙）平民文學　可協之音律（可聽可唱）文學史與音樂史發達路徑相同。

起源底先後　講到貴族文學和平民文學底起源，平民文學實比貴族文學爲先。說到這裏，我們還應先明白一點，即是文學底起源，詩歌比文章爲先。因詩歌多由感情而生，文章每由理智而出。且詩歌不必靠文字底記載，而文章却非文字不可。人有言語，即有詩歌，詩歌即是平民文學底原產物。考之上古，像擊壤歌，康衢謠等，即是平民文學。其爲詩三百篇，大都從民間所出，這就可知在文學上平民文學早比貴族文學鮮明得多了。

各時代底成績 要明白歷代底平民文學和貴族文學，那末各時代有各時代底成績。我們且追溯至商周起：那時底貴族文學爲雅頌，平民文學爲國風。在楚，貴族文學有離騷，九章，宋玉賦，大招賦（景差）等；平民文學却有九歌，卜居，漁父等。漢魏六朝，雖是貴族文學底極盛時代，像楊，班，司馬之賦，建安七子底四六文字與所擬底樂府詩歌等；可是實際說來，平民文學在那時，也發了異常的光芒。故事詩之傑作，——孔雀東南飛與木蘭詩——都在那時出產；而漢底鼓吹曲辭，橫吹曲辭，相和歌辭，六朝底鼓角橫吹曲，淸商曲辭，舞曲歌辭等，都是表演南方底兒女文學和北方底英雄文學。唐朝可算是文人文學最發達的時代了。但那時平民文學多趨平民化，也是幫助平民文學發展底一種好現象。譬如白居易底詩，務取「婦孺皆知」，卽是一個好例。其他一般詩人底新樂府，也都可協之於聲律而可歌可聽的。宋元明淸，表面上雖也爲貴族的古文傳統時期，實際則宋以詞及語錄著，元以曲名，明淸之間，更是小說底發達時期，如水滸，三國，七俠五義等，爲人人所傳誦，卽胡適之所謂：「這五百年之中，流行最廣，勢力最大，影響最深的書，並不是四書五經，也不是性理的語錄，乃是那幾部「言之無文行之最遠」的水滸三國西游紅樓。」所以宋元明清，可說是文學與平民社會接觸時期，換句話說，這些時期平民文學，可謂是漸入於民衆底心坎裏了。

廟堂文學與田野文學　貴族文學又可稱爲廟堂文學，卽是那模仿的，沿襲的，爲多數人所難懂的沒有生氣的古典文學；平民文學又可稱爲田野文學（或民間文學，）也卽是那自然的，活潑潑的，易爲大多數人所瞭解的白話文學。貴族文學常由君主所提倡，而足以斡旋一國底思潮的。所以吳王好劍客，百姓多瘡瘢，楚王好細腰，宮中多餓死；因是貴族的文學日盛，一般都想藉此以取富貴功名。但它底缺點，在無眞意義，而不能達出小百姓底悲歡哀怨。所以廟堂的文學終壓不住田野的文學；貴族的文學，終打不死平民的文學。

貴族底平民作品　貴族文學與平民文學底作者身分和地位，雖有不同；但是貴族的人，有時也能做出平民文學來，這是因感情底衝動，能眞實的傾寫底緣故。譬如漢高祖十二年，上還過沛，留置酒沛宮，悉召故人父老子弟佐酒，發沛中兒，得百二十人，教之歌。酒酣，上擊筑，自歌曰：

大風起兮雲飛揚，
威加海內兮歸故鄉。
安得猛士兮守四方？

這雖是皇帝做下底歌，却是道地的平民文學。又如曹丕迫令其弟曹植七步成詩，植不得已，遂應聲說：

煎豆燃豆萁，
豆在釜中泣；
本是同根生，
相煎何太急！

也即是一首很好的即景生情的平民文學啊。

二　死文學與活文學

文學底界說　貴族文學只可以取富貴功名，而不能達人之感情；像這樣有形式而無精神的文學，就是死文學。本來文學底界說為：

文學是人生的表現和批評，從最好的思想裏寫下來的，有想像，有感情，有體裁，有合於藝術的組織；集此衆長，能使人類普遍心理，都覺得他是極明瞭極有趣的東西。（根據於羅家倫所作的——什麼是文學）

看此就可知貴族文學是不合於這個條件；因為它只可當做「升官」「取利祿」底工具，固無所謂「感情，」「想像，」表現或批評人生；又並不要使人類普遍的都覺得它是極明瞭極有趣的東西。所以貴族文學是一種死文學是無疑的了。

死文學與活文學底區分　平民文學，就是一種活文學。因爲平民文學底產生，全以熱情做根基，由情底鬱勃，湧於心方始出諸口，所謂「言爲心聲，」「發乎情」。「歌詠言」等就是。它底所作，既沒有別的用意在裏面，乃是全由感情衝動而出，即所謂「情動於中而形於言」底。所以它在文藝上說來，既有感情，又富想像，且以博得多數人有趣明瞭爲主，是件件合於文學底定義。這樣的文學，就是活文學，也就是眞文學；反之，貴族文學即爲死文學，並爲假文學了。

還有一種活文學和死文學底關鍵，你道在什麼地方呢？實在於所用底語言文字是否死了底緣故。若用了已死底語言文字來做，便決不能產出活文學來。胡適之在建設的文學革命論裏有說：

> 我們爲什麼愛讀木蘭辭和孔雀東南飛呢？因爲這兩首詩是用白話做的。爲什麼愛讀陶淵明的詩和李後主的詞呢？因爲他們的詩詞是用白話做的。爲什麼愛杜甫的石壕吏，兵車行諸詩呢？因爲這詩都是用白話做的。爲什麼

不愛韓愈的南山呢？因爲他用的是死字死話。……簡單說來，自從三百篇到於今，中國的文學，凡是有一些價值，有一些兒生命的，都是白話的，或是近於白話的。其餘的都是沒有生氣的古董，都是博物院中的陳列品！再看近世的文學：何以水滸傳，儒林外史，西游記，紅樓夢，可以稱爲「活文學」呢？因爲他們都是用一種活文字做的。若是施耐菴，邱長春，吳敬梓，曹雪芹，都用了文言做書，他們的小說一定不會有這樣生命，一定不會有這樣價值。……若有人不信這話，可先讀明朝古文大家宋濂的王冕傳，再讀儒林外史第一回的王冕傳，便可知道死文學與活文學的分別了。

爲什麼死文學不能產生活文學呢？這都由於文學的性質。一切語言文字的作用，在於達意表情；達意達得妙，表情表得好，便是文學。那些用死文言的人，有了意思，却須把意思翻成幾千年前的典故；有了感情，却須把感情譯爲幾千年前的文言。——因此，我說：『死文字決不能產出活文學。』中國若想有活文學，必須用白話，必須用國語，必須做國語的文學。

看了這，就可知道死文學和活文學區別底關鍵底所在了。

中國文學與西洋文學底比較　又羅家倫在什麼是文學裏，把中國文學和西洋文學比較起來，有五種不同。第一第二且不去引它，只看第三以下底不同。他說：

……………………

第三，卽再退一步就中國文學家述個人茶枯的著作而論，也都是說謊的，不近人情的；——看中國名人述懷寄慨種種的著作，就知道「假」字眞是中國文學的第一個特性呢！——而西洋文學家則往往肯說老實話，事事能求其眞。

第四，西洋文學所重的是骨子裡普遍的思想同美感，爲普遍的人類思想可以領略的；而中國文學祇講字面上的雕琢，供少數人的玩具的。

第五，西洋文學是竭力發揮個人情緒，極有興趣的；而中國文學只是擺出道學先生的面孔，代聖人立言的。

總之：西洋文學是切於人生的，中國文學是見人生而遠避的；西洋文學是爲喚起人類同情的，中國文學是爲個人私自說法的；西洋文學是求眞像的，中國文學是說假話的；西洋文學是平民的，天然的，中國文學是貴族的，矯揉的；西洋文學是要發展個性的，中國文學是要同古人一個鼻子眼出氣的。

看了這，也就可知道中國文學和西洋文學死活不同底所在了。但那所說的中國文學，當然是指傳統文學——貴族文學而言。換句話說，卽那貴族文學全是死文學，我們早應該把它打倒的了。

貴族文學死了　於是我們可以得一結論，就是：中國底貴族文學，大半是死文學，假文學。爲什麽是死文學假文學呢？卽是因不合眞文學條件底緣故。而今貴族文學死了；活的文學已在長足的進展，把這死文學推倒汚泥裏去。這個，却不得不歸功於文學革命底運動了。

三　文學革命與白話文學

文學革命底由來　貴族文學爲死文學，平民文學爲活文學，已於上節說過了。但中國早已有白話文學，那末自然可以把它——貴族文學——推倒，還要什麽革命呢？這却不得不說明一下！——

因爲歷史有兩種：一種是完全自然的演化；一種是順着自然的趨勢，加上人力底督促。前者叫做演進，後者叫做革命。演進是無意識的，很遲緩的，很不經濟的，難保不退化的。革命就是以人力在那自然演進的緩步徐行的歷程上，有意的加上了一鞭。這種有意的鼓吹，人工的促進，使這個自然進化底趨勢，時間可以縮短十年百年，成效可以增加十倍百倍；（——依胡適之白話文學史裏面所說）且最大的功能，卽在推翻以前的傳統觀念。所以這種革命手段，是爲不可少的了。

中國向來是被籠罩於這個古文的傳統思想裏，也卽是貴族文學的天下。所以文學，好像全爲一般學士先生們所佔有的；而所做出來底東西，也只是在虛僞的情感裏所閃動的虛無縹渺底一點；直截的說，卽是與人生毫不相關，文學不是民衆底東西。雖是在從前各時代有各時代底平民文學，可是平民文學，總不得抬頭，常爲烏煙瘴氣的貴族文學所抑壓。要轉換這個方向，使文學爲民衆底產物，使文學與民衆直接發生關係，——要眞的活的文學，由民衆所產出，爲民衆所欣賞——文學革命，當然是急不容緩的事了。

八不主義　文學革命是民國五年（一九一六）發動的。到民六一月，方才有胡適底一篇文學改良芻議發表。他起初提倡八不主義，卽是：——

一、不做『言之無物』的文字。
二、不做『無病呻吟』的文字。
三、不用典。
四、不用套語爛調。
五、不重對偶：——文須廢駢，詩須廢律。
六、不做不合文法的文字。
七、不摹倣古人。
八、不避俗語俗字。

同年二月，陳獨秀又發表了一篇文學革命論。大書革命軍三大主義，卽是：——

一曰：推倒雕琢的，阿諛的貴族文學；建設平易的，抒情的國民文學。
二曰：推倒陳腐的，舖張的古典文學；建設新鮮的，立誠的寫實文學。
三曰：推倒迂晦的，艱澀的山林文學；建設明瞭的，通俗的社會文學。

上所說的單是在消極的籠統的一方面，繼爲半消極半積極的主張。到了民七四月，胡適發表了一篇建設的文學革命論，方纔轉換語調，有明白的新文學全積極的建設底方策。他那篇文章裏面有說：——

一、，要有話說，方纔說話。

二、有什麼話，說什麼話；要什麼說，就什麼說。

三、要說我自己的話，別說別人的話。

四、是什麼時代的人，說什麼時代的話。

文學革命，到那時方有了具體的策略了。

國語文學底建設　文學革命底目的，卽是想把全國底文學，都活了起來；而要活了起來，第一必須要用白話來做文學。卽胡適所謂(國語的文學，文學的國語。)他在那篇建設的文學革命論裏，又有創造新文學進行底程序，頗爲詳細。其大要共分三步：（一）工具，（二）方法，（三）創造。造工具底方法分兩種：（甲）多讀模範的白話文學，（乙）用白話作各種文學。對於構造文學底方法分三類：（1）收集材料底方法，（2）結構底方法，（3）描寫底方法。前兩步是預備，預備了之後，第三步方可實行創造了。他這篇論文發表以後，一時受它不少的影響，接着國語文學便眞的建設起來了。

白話文學之功臣　自從胡適之，陳獨秀，錢玄同，沈尹默等在民六創辦新青年竭力鼓吹白話文學以來，一時響應的人很多。除新青年自身用白話辦雜誌提倡以外，在民七陳獨秀等又辦了一個每週評論，也是白話的。同時北大學生傅斯年羅家倫汪敬熙等出了一個白話月刊，叫做新潮。以後在別方面風起雲湧，著名的白話刊物，又有星期評論，建設，解放與改造，少年中國等；而北京底國民公報，晨報副刊，上海底時事新報副刊——學燈，民國日報副刊——覺悟，都是提倡國語文底大本營。民九以後，國內一般穩健的雜誌，如東方雜誌，小說月報等，也都白話化了。教育部也有『國民小學一二年底國文，一律改用國語』底通令。由是，白話文學遂正式的成立了。

四　新詩

最早的白話詩　自白話文學成立以來，建設方面，最早的是白話詩底試驗。胡適先在美國做了幾首白話詩；但那還不過是洗刷過底文言詩，這全因爲不能拋却五七言古詩底桎梏。後來錢玄同等指出這種缺點來，胡適才進一步去做長短無定的白話詩。同時沈尹默周作人劉復等也加入白話詩底試驗。最早的白話詩集，要算胡適底嘗試集了。雜誌方面：新潮，每週評論等，也都有刊載。其後在報紙裏，時事新報底學燈欄，頗有良好的新詩出現；商務小說月報改行白話文以來，也有新詩底選入了。

換胎不換骨　初期底白話詩，形式方面雖已解放，內容句調，却仍多由舊式詩歌詞曲裏脫胎出來的。而且造句很不自然。換句話說，那時底白話詩只可說是換胎不換骨。

我們且看沈尹默君底人力車夫吧：

日光淡淡，白雲悠悠，

風吹薄冰，河水不流。

出門去雇人力車。街上行人，往來很多；車馬紛紛，不知幹些甚麼？

人力車上人，個個穿棉衣，個個袖手坐，還覺風吹來，身上冷不過。

車夫單衣已破，他却淚珠兒顆顆往下墮。

凡讀過古詩底人，就可曉得這首詩是得力於孤兒行一類的古樂府的。還有像胡適之所做底鴿子：

雲淡天高，好一片晚秋天氣！

有一羣鴿子，在空中游戲。

看他們三三兩兩，

迴環來往，

夷猶如意；

忽地裏翻身映日，白羽襯青天，鮮明無比。

不是帶着很多的詞調氣味麼？

新詩底類別　但在那時底新詩，還不過是一個初步解放時期，其成續如是，原不足怪。其後新詩出產，如雨後春筍，一時勃發。可是大多是雜湊濫製，無大精采之作。茲將其中之稍爲有價值的，爲分類約述如下：

哲理的詩　（1）哲理的詩　在新詩界其可稱爲詩壇底一顆小星，要算冰心女士底小詩了。她出了兩部作品，——繁星和春水。她底作品，思想清新，筆致婉妙，確能表現女性作品之一種特點。但她詩底風格，全受泰戈爾底影響；因當時曾出了幾部泰戈爾譯作小詩，——新月集飛鳥集等——所以她底小詩，也多寄寓着哲理的了。

抒情的詩　（2）抒情的詩　抒情短詩，也和小詩相近的；另一方面說，卽是小詩，本可歸於抒情詩之內。其中抒情詩，以汪靜之底蕙的風，爲最大胆，「任情而唱，」敢言人之所不敢言者。此外湖畔詩社底湖畔及春的詩歌，也還淸新；至宗白華底流雲，可謂是講究聲律字句底短詩傑作了。

熱情的詩　（3）熱情的詩　熱情的詩，向來並沒有這類名目的。但我爲什麼擬出這個名目來呢？因爲熱情的詩這類作品，旣不是巧小抒情，又不是長篇敍事。其中像郭沫若底女神和星空，內容多是由熱情而出的。懷念故國，慷慨悲歌，彷彿像杜子美底北征兵車行等，多「故國山河」之感。所以特列一類，以標明這一類詩底特別的風格。

音節的詩　（4）音節的詩　新詩自流行以來，原非不注意音節的。其中像胡適嘗試集裏許多新詩，都頗注意這個；可是大多染着舊詩底風習，未可算爲新詩本身底成績。即後來劉大白所作底舊夢郵吻等，也免不了這。及至朱湘發行了草莽集，其中每行字句大多相等，很講究形式音節，新詩本身乃漸成了新型；不是舊詩底格式，也不是舊詩底音調了。——其詩之是否成功，却是另一個問題。

散文詩　（五）散文詩　自胡適發行嘗試集提倡解放詩體之後，六七年間，雖出了不少詩集；可是多半換形不換神，至少是有幾絲舊痕留在新詩底骨脊裏的。要完全用白話的散文形式來做詩，無一毫舊詩語調參雜其間，恐怕要推徐志摩底詩的了。志摩所作翡冷翠之一夜，許多是可稱爲完全散文詩的。他底句調，不但無舊詩習語，且多用外國句法。——即所謂詩之歐化。到此，新詩底內容，方完全與舊詩兩樣，眞可稱澈底解放，有如女子之放足，不但天足，且已入洋化底程度了。

新詩底厄運　由文學革命，創作新詩；但所創作底作品，不是舊習氣太深，即是粗製濫造，多孩兒氣。所以直到如今，很少成功之作。其中像徐玉諾在數十天中成將來的花園一集，創作有如記賬這般容易，怪不得被人輕視，新詩遂上了厄運了。近今詩壇沉寂，無新創作表現，這也是一個原因啊。

五　短篇小說

小說底起源　中國文學，向來小說是沒有什麼地位的。小說之名，初見於莊子外物：『飾小說以干縣令，』但按其實際，是指瑣屑的話，非道術所在，與後來所謂小說者固不同。桓譚說：『小說家合殘叢小語，近取譬喻，以作短書，治身理家，有可觀之辭。』（李善注文選三十一引新論）方才同後來所說底小說近似。漢書藝文志諸子略裏，所錄凡十家，而謂「可觀者九家，」小說不與。但在十五家中，尚存其末，有說：

小說家者流，蓋出於稗官，街談巷語，道聽塗說者之所造也。孔子曰：『雖小道必有可觀者焉，致遠恐泥。』是以君子弗爲也，然亦弗滅也，閭里小知者之所及，亦使綴而不忘，如或一言而采，此亦芻蕘狂夫之議也。」

從漢以後，歷代史家成見，大致相同，從未有把它當作有文學眞價的東西。卽在民六文學革命以前，民間雖已流行了紅樓夢儒林外史等小說，但怎麼叫做「短篇小說，」「短篇小說」是什麼樣的東西，還是莫名其妙。所以常有把『某生，某處人，幼負異才……』等一類爛調小說，稱爲「短篇小說」的。

短篇小說　其實「短篇小說」(Short story)，在文學上有一定的範圍，有特別的性質，不是單靠篇幅不長，便可稱爲「短篇小說」的。現在依胡適所下底界說，轉錄如下：

短篇小說是用最經濟的文學手段，描寫事實中最精采的一段，或一方面，而能使人充分滿意的文章。

自胡適下了這樣定義，幷自集譯了一册外國小說——短篇小說集行世以後，「短篇小說」，方始被中國人所認識，一方創作底人，也漸漸的多起來了。

魯迅　短篇小說，創作最早而最有成績的，當推託名「魯迅」底周樹人了。他自民七在新青年上發表了一篇狂人日記，直至民十在小說月報發表阿Q正傳爲止，這四年間，所發表底文字，在分量上講雖是不多，但在實質上，可說已到了成功的地步。於是他底第一創作集吶喊，銷行甚快，其中阿Q正傳一篇，翻譯到國外去的，且有六七國之多，這不得不推魯迅是文學革命後短篇小說作家底一個成功者了。他以後續出了第二創作集徬徨，也有幾篇是頗精采的。

文學研究會　繼魯迅創作之後，文學作品之有名的，爲冰心女士底超人，葉紹鈞底膈膜和火災等。冰心神韻逸致，文如其詩。葉君描寫細膩，藝術也頗穩練。都是短篇小說創作中之佼佼者。他們都是文學研究會會員。其餘像王統照底春雨之夜，落華生底空山靈雨……，等而下之，殊不值介紹了。

創造社　與文學研究會對壘，異軍突起，有一批留日學生郭沫若，郁達夫，成仿吾，張資平等所組織底創造社。該社初出創造季刊和週報二種，頗能將國內文壇，大胆批判，而創作力亦頗不弱。像郁達夫底沉淪，張資平底冲積期化石等，頗有一讀底價值。其後郁達夫續出蔦蘿集以至迷羊，熱心著作，且出有全集多册。張君慣作戀愛小說，雖內容變化不多，但其作品，甚有誘引力，一般青年，易爲所迷，因是他底刊物，很風行於國內。

浪漫與感傷　文學革命初期底作品，如魯迅之狂人日記，阿Q正傳等，乃是寫那時期中政治禮教之急應改革，用冷雋之筆，譏誚之體，實爲有特別風味底自然主義文學。可謂反映時代色彩的作品。葉紹鈞底膈膜，也是寫實主義，以日常底瑣屑事情，採作文學之資料，其觀點仍在社會。及創造社出，所創作作品，乃多含日本風味，已漸由寫實而至理想，由自然主義而趨於浪漫及感傷主義了。因郁達夫作品之多含感傷及浪漫意味，和張資平底慣做戀愛小說，——此戀愛文學之勃興，及一般青年底流入浪漫頹傷狀態，爲不無影響的啊。

十字街頭　中國擾攘二十年，因辛亥革命，太不澈底，一切政治風教，完全沒有改進，遂有「革命尚未成功，同志仍須努力」底口號出現。中國激起狂飆的新潮，是從民八底五四學生運動；而趨入實際的國民革命，却在民十三底國民黨底改組。中國社會；自經這兩次大波動，全國人心，便如坐在大搖籃般的動搖了。這個動搖，中國向稱爲「士農工商」的四民，都被波及，但尤以學界爲甚。自國民黨採取「聯共」「聯俄」「農工」三大政策，併國民革命軍出發以後，形勢更形緊張。在革命過程中，一部分趨於過激；以向來在保守主義下底蚩蚩國民，德謨克拉西尙未經過，忽主張社會主義，要感到特殊的驚駭，這是當然的事。其中易被感情所激發底青年，遂如入十字街頭，而呈徬徨歧途之象了。

文學爲時代之映畫，在這樣動搖的情況中，便有茅盾底描寫青年動搖憧憬底幻滅和動搖出現。這兩部作品，確足以代表時代底情狀。

穉弱 自從文學革命提倡短篇小說以來，創作紛起，最近二三年間，更是風起雲湧，坊間集子，眞是多得「不亦樂乎」。但要找部能劃時代底作品，却是很少很少。所出底刊物，不是「無病呻吟」，多感傷的濫調，卽是「愛呀愛呀」，落空想底窠臼。這可說是文學界中底缺點。實在說起來，也是中國文藝界底稚弱呵！

六 散文與小品

散文　散文底包括是很廣的。除了詩歌之外，都是散文。換句話說，散文卽是對韻文而言，凡不是韻文的，都可以叫做散文。但散文中之小說，為近今最流行之純文學，格局謹嚴，可以說是在散文中特樹一幟。普通所謂散文，便是指游記，雜感，論文一類底東西。其中論文，有科學的論文，哲學的論文，文學的論文，社會的論文等等；但都以理智為重的，含文學底成分較少。游記文，雜感文等，都由感情出發為多，所以也近於純文學底作品。

小品　小品也是散文中之一種。不過風格更特殊些。它是用精鍊的語句，巧小的結構，併含深刻的意味；似小說却非小說，普通散文也非普通散文。實介在小說與普通散文之間；比之小說則小品爲涵蓄，小說爲浮華，比之普通散文，則普通散文爲着實，小品爲逸致；再進一步說：若以純文學來做標準，那末小說比小品程度高，小品比普通散文程度高，明白了這些，便可知道其中底分別。所以小品在散文中又自成一種體裁了。

周、徐、朱、俞、　散文在文學上較成功底作品，我可以舉周作人，徐志摩，朱自清，俞平伯四人做代表。周作人底散文，簡樸流利，可謂上乘。自己的園地，雨天的書等，即是他底代表。朱俞二君底槳聲燈影裏的秦淮河，同題之作，一細膩，一沉着，都是很有工夫的。他們散文底集子，有踪跡，背影，雜拌兒等。他們又集合同志，曾出過兩次合集，叫做我們的六月，我們的七月。徐志摩底散文，有很多歐化句子，清妙婉轉，錯落有致。所以他底散文，又別具一種風格，像巴黎的鱗爪，就可做他底代表了。

雜感文 雜感文字，最近很是盛行。這項文字，自北京語絲派和現代評論派鬭法以來，遂益熱鬧。語絲派以周氏兄弟——周樹人，周作人——爲主幹，現代評論派以陳源——西瀅——徐志摩等爲主幹。語絲派在語絲裏每期都有雜感，大都係兩周所作，現代評論派，在現代評論裏每期也有閒話，差不多都是西瀅所寫。兩派旗鼓相當，勢均力敵，一嘲一諷，煞是好看。

兩派鬭法底結果，遂展開了許多雜感文學。於是魯迅出了熱風，出了華蓋集，華蓋續集。周作人出了談龍集，出了談虎集。西瀅出了西瀅閒話。

魯迅底用筆，冷雋詼諧，暗譏熱諷。可是他底詼諧，是欲哭無淚的強笑，我們決不能當他是滑稽。——雖然有些人稱他是有閒階級，叫他爲『閒暇，閒暇，第三種閒暇。』周作人底小品，以平淡輕妙取勝。西瀅閒話，雖名義如此，但有些是近於科學底論文了。

小品散文 散文與小品，我雖然把它分開；實際上小品散文是可以連做一個名詞的。尤其是小品與雜感，在某種程度內，簡直是沒有絲毫兩樣。卽如周作人底自己的園地，雨天的書，澤瀉集等裏面文字，旣可名雜感文，也可說是小品。現在再把小品散文在近年來底進展狀況說一說：各種刊物底小品文字——雜感——幾於無種無之。東方雜誌從二十二卷（一九二五）起，增闢「新語林」一欄，小說月報十八卷（一九二七）第七號「創作號」，也特闢小品一欄，幷自二十卷（一九二九）起，正式地新增「雜感」了。其餘像語絲之仍有「隨感錄」，貢獻之「大題小做」皆是。眞可說是盛極一時。

小品散文底成績　至於它底成績，胡適之在五十年來之中國文學末段裏早有說：

> 白話散文很進步了。長篇議論文底進步，那是顯而易見的，可以不論。這幾年來，散文方面最可注意的發展，乃是周作人等提倡的「小品散文」。這一類的小品，用平淡的談話，包藏着深刻的意味；有時很像笨拙，其實

却是滑稽。這一類作品的成功，就可澈底破除那「美文不能用白話」底迷信了。

但這還只是說它本身底成績。若說它近來進展底狀況，要推朱自清在他背影底序裏說得最詳細了。他說：

…但就散文論散文（指小品散文），這三四年的發展，確是絢爛極了；有種種的形式，種種的流派，表現着，批評着，解釋着人生的各方面，遷流蔓延，日新月異；有中國名士風，有外國紳士風，有隱士，有叛徒，在思想上是如此。或描寫，或諷刺，或委曲，或縝密，或勁健，或綺麗，或洗煉，或流動，或含蓄，在表現上是如此。

又東亞病夫也說小品文底成績，在這幾年來，要算是最進步的了。他在眞美善一卷十二號（一九二八）裏「復胡適的信」裏有說：

第一是小品文字，含諷刺的，析心理的，寫自然的，往往着墨不多，而餘味曲包。第二是短篇小說，……第三是詩。……

這個觀察，大致不錯的吧。

七　政論文與宣傳文

時務文　中日之戰（一八九四）以後，中國國勢，岌岌可危，於是那時候先後出了幾種『危言』，——如邵作舟底及湯壽潛底——都是受着時勢底影響，覺悟到非提倡改革不可底「時務文章」。一八九八年起了「戊戌變法」底運動，變法黨領袖康有為，譚嗣同，梁啓超等，他們一方面大做文章，預為鼓吹，一方面從事政治，俾便實行改革。雖目的未達，譚嗣同等五人死難；但他底著述，在他死後，仍舊發生不少的影響。康有為是一個『今文家』，他底新學僞經考和孔子改制考等書，自有他底相當價值。而自他『公車上書』，以至亡命海外，他底文章在那時也頗有一點勢力。不過不如他底弟子梁啓超底勢力還大罷了。梁君當他辦時務報底時代，已是一個很有力的政論家；後來他辦新民叢報，影響更大。從爲感受國家危害而做『時務文』，到此已堂堂正正地變爲有明白政治改革主張底『政論文』了。

政論文底成熟期　及日俄戰爭（一九〇四—〇五）以後，中國革命底運動，一天天的增加勢力；同時君主立憲運動，也漸漸的成爲一種正式的運動。這兩黨底主張，時常發生衝突。新民叢報那時已變做君主立憲底機關，革命黨底機關報爲民報，所以兩報常起很激烈的筆戰。自一九〇五年到一九一四年（民國四年）這十年間，是政論文章底發達時期。這一個時代底代表作家是章士釗。他所辦底甲寅雜誌，有很多有精采的政論文字。

譚與康梁底文章，本來都是桐城底變種。惟梁啓超『筆鋒常帶情感』，而康梁底文章，多有科學基礎，其體例亦與古文不同，所以在那時號稱爲『新文體』。梁啓超除「筆鋒帶有情感」外，最能運用各種字句語調，來做應用的文章。胡適之說他不避排偶，不避長比，不避佛書的名詞，不避詩詞的典故，不避日本輸入的新名詞，因此，他底文章，最不合「古文義法」；但他底應用底魔力也最大。他這種文體底好處，在流利曉暢，有動人的魔力，而其壞處；却在堆砌無邏輯。章士釗底文章，便比他謹飭得多了。

章士釗雖也從桐城派出來。可是他研究論理學，注意文法，又能運用歐化底語句，而變爲自然的古文義法，且受了他家太炎及嚴復底影響不少：以是他底文章最有條理。所謂政論文，到那時已趨于完備的境界了。

革命的預言　與章士釗同時的政論家——黃遠庸，張東蓀，李大釗，李劍農，高一涵等，——都朝着這個趨向做去，大家不知不覺的造成一種修飾的，謹嚴的，邏輯的，有時免不掉書袋的政論文學。可是在當時無多大效果。黃遠庸曾自供其原因，有說：

愚見以爲居今論政，實不知從何說起。洪範九疇，亦只能明夷待訪。……至根本救濟，遠意當從提倡新文學入手。綜之，當使吾輩思潮相接觸，而促其猛省。而其要義，須與一般之人生出交涉。（甲寅一，十）

黃遠庸不幸在美國被人暗殺，可是他早已說出『中國文學革命』底預言了。

新青年與每週評論　自民六文學革命，白話興起，文風突變。新青年除提倡白話文學爲主目的外，旁也及於政論文字。對于國家，社會，風俗，禮教等等問題，都有談及。新青年因陳獨秀關係較切，後來拋棄文學，專事宣傳社會主義，於是便做了宣傳社會主義的機關報了。

新青年後，陳獨秀等還辦了一種每週評論，初出時頗有精采，後獨秀被捕，由胡適之接辦，但未幾即被封禁。從此胡適之等又辦了一種努力週刊，是專提倡『好人政府』的，並不見有多大價值了。

宣傳政策　民十三國民黨改組，最重要的是採取宣傳政策。因國民黨當時主張

『聯共』，所以內部分活動分子，有很多的共產黨員。在不分國共之際，一體宣傳，起初唯一的目標，是在喚起『國民革命』。在當時最能聳動青年底耳目底刊物，爲嚮導和革命青年二種。於是昔之泛論政治底『政論文字』，一變而爲宣傳主義底『宣傳文字』了。

共黨方面做最有力的宣傳文字的，爲陳獨秀，瞿秋白，（上二人爲嚮導主幹）惲代英（革命青年主幹）等；國民黨做最有力的宣傳文字的，爲汪精衛，胡漢民，邵力子等。他們都用極熱烈的情感，做有條理，有組織，有主義的文章。那些文字底長處，在使人一看就易起同情心，而有十分的誘惑力。其中尤以共產方面宣傳爲力。

民黨在辛亥革命前後，本已大做其鼓吹文字了。像于右任，邵力子，葉楚傖等，辦過民籲民吁等報。可是宣傳尙未普遍，步伐尙未整齊；及國民黨改組之後，改弦更張，大事宣傳，宣傳文字乃自成一格，方有更顯著的成績了。

潑婦罵街　及民十六分共以後，國民黨力行『清黨』，共產黨乃不准公開的言論了。在那時有一趣味可記之事，即是陳公博與吳稚暉大打其筆墨官司。吳稚暉說陳公博是額上不雕字的準共產黨；陳公博罵吳稚暉爲『放屁，放屁，眞正豈有此理』一榻糊塗的昏庸老朽。是宣傳文旁及於無聊文字了。

思相底混亂　國民黨到出於分共，已是不得已的損失。從此之後，思想混亂異常；或左傾，或右傾，或最左，或最右，或思爲『中流砥柱』的中立。由這個不統一的思想，遂產出無數五光十色的小册子，各各想宣傳其理想的主義。宣傳文字雖達到最高潮，可是已墮入『無聊之無聊』底狀態了。

文字與思潮　從一八九八戊戌變法運動起，到今一九二八年止，這三十年間，由時務文到政論文，由政論文到宣傳文，一國絕古起今的狂飆，遂也跟了這種文章變遷而捲起。文字與思潮底影響，可謂大了。

三民主義　最後，我不得不舉出孫中山底孫文學說和三民主義，算做這時期中最偉大最有成績的時代產物——有主義的政論文與宣傳文——呀。

八 革命文學

從文學革命到革命文學 自民六胡適之等提倡白話文學，大喊「文學革命」，現在這個口號已經沒落，把『文學革命』一變而爲『革命文學』了。

上節所述政論文字，遞變而爲宣傳文字，這是文學中一部分論文底變遷；可是現在有說整個的文學使命，是在宣傳的了。李初梨引奧卜頓·新克拉(Upton Sinclair)底拜金藝術裏所說：

一切的藝術，都是宣傳。普遍地，而且不可逃避地是宣傳；有時無意識地，然而常是故意地是宣傳。

因是他下文學定義，以爲文學是藝術底一部門，所以他說：

一切的文學，都是宣傳。普遍地，而且不可逃避地是宣傳；有時無意識地，然而常是故意地是宣傳。（參看文化批評第二號——怎樣地建設革命文學）

革命文學底內容　他們以爲文學底本來面目是宣傳。那麼革命文學是怎麼樣呢？李初梨有說：

革命文學，不要誰的主張，更不要誰的獨斷，由歷史的內在的發展，——連絡，牠應當而且必然地是無產階級文學。（仝上）

換句話說，所謂革命文學，就是無產階級(Proletarian)文學。那末它底內容該是怎麼樣呢？辛克拉曾指摘現代文藝上底六種虛僞：（一）藝術至上主義。（藝術至上主義所存在之處，文藝與社會都頹廢着）（二）貴族主義。（文藝在本質上是大衆的）（三）傳統主義。（藝術不是歷史的徒弟）（四）趣味主義(Dilettantism)的邪惡。（現實回避，就是退化的明證）（五）文藝的非道德性。（一切藝術都有道德性）（六）不認文藝爲社會的，道德的，經濟的宣傳的虛僞。（一切藝術都是宣傳）他所認爲革命的文學，就是和這六種虛僞相反的文藝。

普洛列太里亞文藝之論爭　由馬克斯底經濟史觀看來，文化畢竟是經濟生活底上層構造。從前的文化，只是資產階級（Burgher）底文化；一旦社會革命，普洛列太里亞抬起頭來，那末當然有普洛列太里亞文化出現。文藝是文化之一部。現代文藝是鮑爾喬文化底產物，鮑爾喬文化將要沒落，爲不可掩的事實，今後起而代之的，不消說是普洛列太里亞文藝了。在中國，這個問題，已成了論戰底中心。

本來，最早提倡革命文學的，蔣光慈曾在新青年上發表過一篇無產階級革命與文化，隨後也曾乾喊過幾聲。可是比較有聲有色的，要算郭沫若君在一九二六年四月創造月刊上所發表底一篇革命與文學的了。等一九二七年九月以後，方正式的把這個問題起了論戰。那時創造社發行文化批判，與春野書店發行太陽月刊，都是有意提倡革命文學的；但兩相會起了一回熱烈的論戰。自一九二八年起，泰東月刊，樂羣月刊……等，也都有無產階級文學底傾向。雖然他們所主張底方向是相同，但步驟是並未合一的。可是一同對於語絲派底魯迅，却施以猛烈的攻擊；創造社謂魯迅是『有閒階級』，錢杏邨曾做了一篇死去了的阿Q時代。但魯迅派也表示與革命文學並未絕緣，不過所取的態度有些兩樣罷了。其實在這過渡的時期，無產階級文學儘只提倡，要眞的無產階級文學出現，當是將來的事。對於這，我却不必自己另有陳說，只消引一段夏丏尊君底話，給諸君看看吧。他在文藝論ABC第十七章裏有說：

據我的見解，眞正的普洛列太里亞文藝，在近的將來，是不能出現的。在現有無產階級作家的蘇俄本士及別國不知道，至少在我國是一時不能出現的。我國（也許不但我國）現代的作家，不論其目前資產之有無，在其教養上，經歷上，趣味上，甚而至於生活上，都是飽爾喬。他們的文藝作品，大衆的普洛列太里亞能到手入目與否且不管，其內容無論怎樣地富於

> 革命性，決不能成爲眞正的普洛列太里亞的生命上的滋養料。卽使能設身處地，替普洛列太里亞說話，但究非眞由內部滲出的東西。只仍是鮑爾喬所見到的一種世相而已。……文藝是體驗的產物，眞的普洛列太里亞文藝，當然有待於普洛列太里亞自己。普洛列太里亞的文化總有一天會出現的，普洛列太里亞文藝的成立，也可豫想。至於在過渡期中，所能看到的，倘只是其萌芽或混血兒。

我以爲他底見解很對，自命爲革命文學作家專用謾罵以攻擊人家不是革命文學的，也可以休了。

武器的藝術　中國十年前提倡文學革命，近來提倡革命文學，這都是時代底思潮所驅使。淸末封建思想將要崩潰，那時思潮正輸入德謨克拉西，所以資本主義底文化來代替了封建思想底文化，遂起了一個革命，——文學革命——白話文學與起了。現在世界起了劇烈的波動，是資本主義文化將要沒落底時候，它底未來的替代者，當然是普洛列太里亞文藝。所以文學革命要進一步而為革命文學了。我現在再引李初黎君前文底所說，來作我底結束。

——所以我們底作家，是

「為革命而文學，」不是

「為文學而革命；」

我們底作品，是

「由藝術的武器，

到武器的藝術。」

九　介紹及翻譯

佛經底輸入　文化與思潮，受了各方面底接觸，方生變化。中國文化，最早受外面底影響的，當推佛教底輸入。因佛教底輸入，隨而有翻譯底經典，中國文學之解放，便受了很大洗禮。佛教底翻譯，大半是直譯且用白話。於是影響到國內文壇，遂有宋人底語錄出現。其後明清小說，如西游記，鏡花緣等，也都是受佛教文學底色彩。據傳說，佛經底翻譯事業，最早是漢明帝時攝摩騰譯的四十二章經，同來的竺法蘭，也譯了幾種經。等到四世紀之末，五世紀之初，出了一個譯經大師鳩摩羅什，譯經的文學到此方才進了成熟的時期。綜計現在所保存着的譯經，連中國人做的注疏在內，足足有三千多部，一萬五千多卷。所以要說到最初的翻譯事業，不得不推佛經底經典了。

其後等到十九世紀底末年，翻譯事業漸漸發達，那時基督教已傳入中國來了。傳教士之中如李提摩太等，得着中國文士底幇助，也譯了不少的書。至於太平天國底文人王韜，在這種事業上，更可算是一個重要的先鋒了。

最早的譯書範圍 但當時譯書事業底範圍，並不甚廣。第一類是宗教的書，最重要的是新舊約全書底各種譯本。第二類爲科學及應用科學底書，當時稱爲『格致』的書。第三類爲歷史，政治，法律底書，如泰西新史攬要，萬國公法等書。但文藝哲理等書，却無人注意到；以爲文藝哲理總遠不如我們這五千年底文明古國了。

嚴復與林紓　及等嚴復林紓二人一出，方始補救這兩個大缺陷。嚴復是介紹西洋近世思想底第一人。林紓是介紹西洋近世文學底第一人。這二人可說是中國介紹及翻譯界底二位宿將。但他倆都是用文言翻譯的。等到文學革命，創辦新青年雜誌，它除提倡白話文學外，次之便是介紹西洋學說及翻譯外國文學了。到此介紹及翻譯事業，方正式的上了行程。

嚴復譯赫胥黎底天演論，在光緒丙申（一八九六）中日戰爭之後，戊戌變法之前。其後他續譯羣己權界論，羣學肄言等書，都是富有文學價值的哲理書。

譯界之王　林紓用古文敘事寫情，譯法國小仲馬底茶花女，實替古文開闢一個新殖民地。林氏所譯最著名的除茶花女外，餘如黑奴籲天錄，戰血餘腥記，十字軍英雄記，撒克遜刼後英雄略，魯濱遜漂流記，攔掌錄，天方夜譚，滑稽外史，賊史，孝女耐兒傳……等十餘種，人多愛讀，其後常有譯本出現，都是外國名家所著，綜計其量，不下二三百種。國中稱之爲「譯界之王」。

林譯之長處，在能運用中國固有底語調，發揮原書詼諧風趣；往往有一種深刻的領會，而成他自己底作品般的。但他底缺點，在於不能看原書，錯誤自所難免。因之一般人對於他底譯品，多生出不滿意來了。可是平心而論，他究竟是一點文學天才的人，比現在有許多人對於原書既不能完全了解。而運用白話底能力又遠在林紓之運用古文能力以下的，還是好的多呢。

信，達，雅　翻譯本是一椿難事。有天才的人，創作常比翻譯爲易。嚴復譯書，主張信，達，雅，三要件。他在天演論例言中有說：

譯事三難：信，達，雅。求其信已大難矣。顧信矣不達，雖譯猶不譯也。

則達尙焉。……今是書所言本五十年西人新得之學，又爲作者晚出之書，譯文取明深義，故詞句之間，時有所顚倒附益，不斤斤於字比句次，而意義則不倍本文。題曰達恉，不云筆譯；取便發揮，實非正法。……凡此經營，皆以爲達，爲達卽所以爲信也。……信達而外，求其爾雅。此不僅期以行遠已耳，實則精理微言，用漢以前字法句法則爲達易，用近世利俗文學則求達難，往往抑義就詞，毫釐千里。審擇於斯二者之間，夫固有所不得已也。………

是嚴復之譯書，雖求忠實，尙取詞藻，與其說是直譯，毋甯說是意譯爲多。及周作人兄弟努力翻譯，遂開直譯之風。

挖苦　此後除周氏兄弟外，文學研究會分子也多有翻譯及介紹。可是翻譯笑話很多，創造社初好批評國內創作和翻譯品，因之常有把他們底笑話挖出來的。文學研究會與創造社，因了翻譯問題，遂由吃醋而隔膜起來了。

翻譯界底成績　翻譯小說，周氏兄弟最初也用文言的。他們曾出過一册域外小說集，譯筆雖好，超出於林氏之上；可是因太直譯，并用文言底緣故，所得不償所失。自後用白話翻譯，成績便兩樣了。魯迅譯的有愛羅先珂童話集，一個青年的夢，工人綏惠略夫等，周作人譯的有日本小說集，現代小說譯叢等。都是對原文很忠實，而譯筆很流暢的。其他像耿濟之所譯的復活，父與子，鄭振鐸底灰色馬，夏丏尊重譯底愛的教育等，都頗著名。可是能把外國作家全集介紹過來的，現尙沒有；大都隨着各人底喜歡揀譯一二篇的，這點未免是翻譯界底恥辱。玆聞李青崖君想把莫泊桑底全集全譯過來，東西病夫父子也想有系統的介紹法國文學，這是我們所十分盼禱的，想也爲國人所歡迎的吧。

十　整理國故運動

復古運動　中國文學經一度提倡革命，反對方面卽有「復古運動」出現。反對白話文學最力的，算林紓等一派古文家。林氏曾致書於北大校長蔡孑民，竭力抨擊新文化。可是這種復古衛古，原沒有什麽奇怪；因爲他們底素養原來如此。跟着有東南大學教員如柳翼謀等以及一部分學生，都主張振興國故，於是乃是「國故運動」起來了。

國故釋名　「國故」一名，始見於章太炎底國故論衡，後北大張煊諸君，取以標名其雜誌，而新潮傅斯年毛子水諸君，又取而較論之；「國故學」一名詞，方正式成立於學術界。胡適之曾把「國故」兩字解釋得好：「……如果講是「國粹」，就有人講是「國渣」，「國故」(National Past)這個名詞是中立的。」眞是把擁護國故和反對國故兩面都劈開一邊了。

國故運動底起來，有兩個原因：一是自然的反動；二是名流底影響。大凡思潮一起一復，這是物質底原理；所以一面起文學革命，一面起復古運動，這層我們可以不必深究外；二所謂名流底影響者，即是我國自經羅素，泰戈爾兩位西方學者來華後，他們竭力贊頌東方文明，於是復古運動便如潮般的起來了。

胡適之兩面觀　國故運動表面倡之者，雖爲東南大學一派；其實眞的可稱爲國故運動，而對於國故有整理之功者。却不在東南大學，仍在提倡新文化之北大，胡適之一方固在倡文學革命論，主張國語的文學代替古文底舊勢力；但一方却又倡整理國故論，主張系統的研究，以刷新國學底面目，所以現在一部分人對於他，已不記得其爲文學革命鉅子，而只知他是一個研究國故底老古董了。

讀書雜志　北大除胡適之外，尙有錢玄同顧頡剛等，對於整理國故上，其功可說在胡之上。胡適等在民十一五月，曾辦了一個努力周刊，在周刊裏附出一張讀書雜志，裏面所討論的，大部是整理國故底文學。那時所討論底中心題目爲『疑古史』。主角除顧錢外　還有東大底劉（掞藜）胡（堇人）二位。一正一反，煞是起勁：經過了九個月，做了八萬字，還沒有結束。這算是整理國故聲中底一個有價値的掌故。以後顧頡剛刊行了一册古史辨，大部分卽是那時討論底結晶品。

兩個國學書目　對於研究國學發生最大的影響的，除上述關係外，要算是胡適之開了一個最低限度的國學書目，和梁任公做了一篇國學入門書要目及其讀法了。他倆主張雖是未必相同，可是掀動一般讀書界底注意，使之注力於國學底功效則一。由此研究國學之風，由一般耄老的復古派，轉入到新青年底腦筋去了。胡梁二君，不但各開了一個書目，而且還各各做了許多治學底方法，引導青年入治國學底門經。

標點書籍　在此整理國故聲中，上海亞東圖書館出了一大批整理過標點過底舊小說，像水滸，紅樓之類。每書都有胡適或錢立同等底作者詳傳及考證，或有關係的長序，把將過時的小說，重新表揚一番，抬高地位，俾在白話文學大發光芒，也可說是一樁頗有意味的事啊。

整理的成績　此外整理國故算有成績的；像陸侃如底屈原及其他，衞聚賢底古史研究及其他；至於小篇底什麼詩經研究啦，宋玉評傳啦，王昌齡的詩啦，頹廢派之文人李白啦，斷片鱗爪，舉不勝舉；雖是所說的也有一部分的價值，却終算不得多大的成績。其中像胡適底中國哲學史大綱，梁啓超底先秦政治思想史等，雖不是純粹的整理國故底產物，實是這方面有價值的文字。

唐鉞對於整理國故，頗具特出的革新的眼光，所著有國故新探，唐鉞文存等，內中很有幾篇是有價值的。胡適文存之一部分，自然也是這一類的文字呀。

國故毒 可是爲了整理國故，同時發生兩大弊端。即是；一、將恢復到從前的書獃子派，終日烏烟瘴氣，不復知有西方文明之事；二、爛點亂竄，不但不能把國故弄些頭緒出來，且把許多有用的光陰虛擲於無用之地，因是近來發生一種新覺悟。一九二九年一月號小說月報（第二十卷一號）曾載有兩篇反對談國故底文字：——何炳松底論所謂『國學』，鄭振鐸底且慢談所謂『國學』，都是竭力攻擊研究國學的。胡適之也似轉了方向，新做了一篇治學的方法與材料。在結末有說：

……現在一班少年人，跟着我們向故紙堆去亂鑽，這是最可悲歎的現狀。我們希望他們及早回頭，多學一點自然科學的智識及技術：那條路是活路，這條故紙的路是死路。……等你們在科學試驗室裏有了好成績，然後拿出你們的餘力，回來整理我們的國故，那時候，一拳打倒顧亭林，兩脚踢翻錢竹汀，有何難哉。

十一 結論

進化與退化　文學是進化的呢還是退化的呢？這個問題，本很有人爭議過。一派以爲今不如古。這不獨文學爲然；總之以愈古愈好，以爲古，即有不可思議的價值存在裏面，這派人，是把萬物看做古董的。譬如明之七子，主張文非秦漢不讀。即現在，還有許多人是這樣想呢。一派以爲文學，在各時代有各時代底特色，雖以前各時代底文學，不容否認，但每時代底文學，都在變遷，如唐詩宋詞元曲明清章回小說是。這可以說由詩變爲詞，由詞變爲曲，由曲更解放爲小說。這種步步解放，就是適合社會潮流，也卽可說進化，就前一派看來，以爲文學今不如古，這當然指文學是退化；就後一派說，以爲文學步步解放，是指文學在進化。那末究竟是哪一派對呢？要解決這個問題，不得不研究一下。

歷代變遷底痕跡　中國文學顯著變遷底痕跡，可以把它列一簡表如下：

周末	詩	四言詩
漢魏	樂府	五言詩
唐	今樂府	七言詩
宋	詞	長短句
元	曲	詞加科白

明
清……小說……章回小說
民國……小說……短篇小說

以上所變遷的，可說是各時代底代表文學。換句話說，即是各時代特色底表現。它底形式，是由詩變爲樂府（詩之帶歌，）由樂府變爲詞，由詞變爲曲，由曲變爲小說。詩本多含貴族氣味的，及變爲樂府，已可歌可唱，由文人傳之於伶工歌女，而入於民間了。及樂府遞變爲詞，又解放一步，在宋時名妓，已都能識：像長沙義妓見秦學士詞而生敬羨即是。至詞變爲曲，那是完全流入到民間了。北曲南曲，相互輝映，足見平民文學發展之盛。等曲解放爲小說，可以不必受一定場所去領悟和一定詞句底制限，遂流入民間更普遍了。像三國演義，岳傳，七俠五義……等，幾乎是民衆普及教育底工具。我鄉有以看岳傳或三國演義，而測驗其人之忠奸的，是可知三國和岳傳等小說，實爲鄉間立身行世底「聖經」，它底實效，實比智識階級爲求富貴功名而讀四書尤爲大呢。

至於各時代文學內容底變遷：是由四言變爲五言，由五言變爲七言，這是在力求完備；文學底本身，可說業已進化。後再由七言變爲長短句，由長短句的詞再加科白而變爲曲，由曲而變爲小說，由長篇以至於短篇，這是在力求解放。進一步說，即是在求文學天才發揮之自由，而不爲格局所限，也就是文學本身底進化了。

因是我們可以下一斷語：即它底形式，在力趨平民化，是由貴族文學變遷到平民文學，使少數人所懂的進而至於多數人所懂的；它底內容，是力趨完備與解放；是從死文學推進到活文學，使虛僞的進而到眞實的。看此，文學是進化的呢還是退化的呢？這個問題，自然可以解決的了。

最近的解放　中國文學，在文學革命前，已由貴族化，漸趨於平民化，由死文學漸變而爲活文學。從文學革命後，在詩底方面，更一脫舊時的羈絆，而趨入於不拘韵與律底大道。上在文底方面，已有小品散文和短篇小說底勃興，趨入於文學經濟底局度裏；這更是大進化底所在。今後因社會思想底輸入，文學當然也要激變，普洛列太里亞文學將不久出現；但這是未來之事，我們且不必去管它了。

明清五百年間底白話小說　我現在要結束本書之際，不得不將明清五百年間底白話小說，來補敍一下。因這五百年間底白話小說，實爲中國活文學底發動時期；實在也可以說那時的活文學，流行最廣，勢力最大，影響最深於民間的呀。

白話小說本起於宋代。傳至元代，尙未脫離幼稚時期。到了明朝，方入成人狀態：水滸傳，金瓶梅，西游記，三國演義等，都出於那時。金人瑞且公然宣言『天下之文章，無出水滸傳右者』，眞可謂推崇白話文學之至了。清時乾隆一代底儒林外史，紅樓夢，更是出色的作品。其後北方出了許多評話小說，南方出了許多諷刺小說：兒女英雄傳，七俠五義，小五義，續小五義，這種水滸式的俠義小說，就是屬於上一類。官塲現形記，二十年目覩之怪現狀，恨海，九命奇冤，老殘游記，文明小史等，都是可算「社會問題」的小說，就是屬於後一類。

這明清五百年間底白話小說，簡直可說是上結束古文學，傳統文學，死文學，下打開白話文學，新文學，活文學底關鍵，要明白全部的中國文學，不可不明瞭這具大鎖鑰。